L&PM POCKET ENCYCLOPAEDIA

Vinho

SÉRIE L&PM POCKET ENCYCLOPAEDIA

Alexandre, o Grande – Pierre Briant
Budismo – Claude B. Levenson
Cabala – Roland Goetschel
Capitalismo – Claude Jessua
Cérebro – Michael O'Shea
China moderna – Rana Mitter
Cleópatra – Christian-Georges Schwentzel
A crise de 1929 – Bernard Gazier
Cruzadas – Cécile Morrisson
Dinossauros – David Norman
Economia: 100 palavras-chave – Jean-Paul Betbèze
Egito Antigo – Sophie Desplancques
Escrita chinesa – Viviane Alleton
Existencialismo – Jacques Colette
Geração Beat – Claudio Willer
Guerra da Secessão – Farid Ameur
História da medicina – William Bynum
Império Romano – Patrick Le Roux
Impressionismo – Dominique Lobstein
Islã – Paul Balta
Jesus – Charles Perrot
John M. Keynes – Bernard Gazier
Kant – Roger Scruton
Lincoln – Allen C. Guelzo
Maquiavel – Quentin Skinner
Marxismo – Henri Lefebvre
Mitologia grega – Pierre Grimal
Nietzsche – Jean Granier
Paris: uma história – Yvan Combeau
Primeira Guerra Mundial – Michael Howard
Revolução Francesa – Frédéric Bluche, Stéphane Rials e Jean Tulard
Santos Dumont – Alcy Cheuiche
Sigmund Freud – Edson Sousa e Paulo Endo
Sócrates – Cristopher Taylor
Tragédias gregas – Pascal Thiercy
Vinho – Jean-François Gautier

Jean-François Gautier

Vinho

Tradução de JULIA DA ROSA SIMÕES

www.lpm.com.br

L&PM POCKET

Coleção **L**&**PM** POCKET, vol. 804

Jean-François Gautier é Doutor em Direito. Representante da VINIFLHOR.

Texto atualizado conforme a nova ortografia.

Título original: *Histoire du Vin*

Primeira edição na Coleção **L**&**PM** POCKET: julho de 2009
Esta reimpressão: maio de 2011

Tradução: Julia da Rosa Simões
Capa: Ivan Pinheiro Machado. *Ilustração*: Aquarela de Ivan Pinheiro Machado
Preparação de original: Lia Cremonese
Revisão: Patrícia Yurgel

CIP-Brasil. Catalogação-na-Fonte
Sindicato Nacional dos Editores de Livros, RJ

G241v

Gautier, Jean-François
Vinho / Jean-François Gautier; tradução de Julia da Rosa Simões. – Porto Alegre, RS : L&PM, 2011.
128p. – (Coleção L&PM POCKET; v. 804)

Tradução de: *Histoire du Vin*
Inclui bibliografia
ISBN 978-85-254-1917-0

1. Vinho e vinificação - História. I. Simões, Julia da Rosa. II. Título. III. Série.

09-3215. CDD: 641.2209
CDU: 641.87

Rua Comendador Coruja, 314, loja 9 – Floresta – 90220-180
Porto Alegre – RS – Brasil / Fone: 51.3225.5777 – Fax: 51.3221.5380

Pedidos & Depto. comercial: vendas@lpm.com.br
Fale conosco: info@lpm.com.br
www.lpm.com.br

Impresso no Brasil
Outono de 2011

Sumário

Prefácio 9

Introdução
O "vinho" antes do vinho 13

Capítulo I
O vinho e sua civilização 15

Capítulo II
O vinho e as religiões 33

Capítulo III
O vinho e os santos 53

Capítulo IV
O vinho e seu consumo 63

Capítulo V
O vinho e a Europa 93

Capítulo VI
O vinho e as Américas 104

Conclusão
O vinho pertence ao patrimônio da humanidade 115

Bibliografia 116

Para Thi Huê

PREFÁCIO

*Robert Tinlot**

O homem moderno trocou o campo pela cidade. Atenuou a força das estações, o calor e o frio. Iluminou a noite, domesticou o espaço. No entanto, nostálgico dos ritmos naturais, continua em busca de suas raízes.

À procura do Graal, que não consegue alcançar, o cavaleiro da Távola Redonda é a imagem do homem atual, que gira o mundo sem conseguir se aquietar. Sempre mais rápido! Sempre mais longe!

A vinha e o vinho, ricos em simbologias, são sem dúvida mais do que nunca os laços, a cada ano revivificados pela nova colheita, que nos unem a nosso passado, mas que nos projetam em direção ao futuro, na esperança do amadurecimento da próxima vindima.

Colette[1] dizia que apenas o vinho torna acessível o sabor da terra. Mais do que isso, o vinho nos une a nossas origens numa perpétua comunhão com os homens: ao Deus de Noé, aos gregos, aos romanos, a Dionísio, ou Baco. Antes deles, ao licor do Soma: Vena. Hoje, ao sangue de Cristo que, a cada dia na missa, antes de ser consagrado, é oferecido: "O vinho fruto da videira e do trabalho do homem".

Assim são eternamente combinadas a obra da natureza e a obra do homem.

O mais humilde ser humano, ao experimentar ou oferecer um vinho, perpetua tradições milenares e realiza um ato ritual.

---

* Diretor-geral honorário da Organização Internacional da Vinha e do Vinho (OIV). (N.E.)

1. Sidonie Gabrielle Colette (1873-1954): romancista francesa, particularmente conhecida por suas observações sensíveis sobre as mulheres e a natureza. (N.T.)

A história do vinho de Jean-François Gautier fala de toda essa riqueza cultural que retira de nossa memória subconsciente um dos ingredientes que compõem nossa personalidade profunda. Se o vinho, ao longo de sua longa marcha de leste a oeste, seguindo por milênios o curso cotidiano do sol, conquista terras novas é porque aqueles que lhe conquistam esses novos territórios o levam no fundo de si mesmos.

O simpósio de Platão e de Xenofonte – ainda vivo hoje em dia, na Geórgia, com a tradição do "Tamada"[2], o mestre da mesa –, o culto a Dionísio, ou Baco, o *vin d'honneur*, a festa Saint-Vincent Tournante na Borgonha, o *beaujolais nouveau*, as festas das colheitas ou o carnaval vinícola, o simples "copo" entre amigos, são todos momentos vividos por aqueles que amam cantar a vida. Mas o vinho também é a bebida maléfica que o Corão condena e, no entanto, promete àqueles que entrarem nos jardins celestes. É o fruto proibido, como a uva, mais do que a maçã é o fruto do conhecimento consumido por Adão e Eva sem permissão. O paraíso e o inferno.

O livro de Jean-François Gautier nos permite descobrir a complexidade da natureza do vinho: bebida misteriosa resultante da atividade de organismos microscópicos, mas vivos, de cuja existência nossos avós não suspeitavam, e que o grande Pasteur explicou sem desmitificá-la.

A erudição, a vontade de entender e de explicar, mas também o prazer de falar, e de falar bem, o humor e a cordialidade fazem deste livro sintético um buquê de poesia, uma safra maravilhosa na qual são encontra-

---

2. O Tamada é o equivalente ao mestre-de-cerimônias no banquete geórgico, encarregado de presidir a mesa e propor os brindes durante a refeição; é escolhido por habilidades de retórica, autoridade e senso de humor, entre outras. (N.T.)

dos tanto o espírito cartesiano do jurista quanto a mente aberta do humanista.

Que este livro desperte no leitor a vontade de constituir uma ampla biblioteca sobre o vinho e depois, é claro, também uma vasta enoteca.

Introdução

O "vinho" antes do vinho

No princípio era o verbo. E o nome do vinho precedeu a cultura da vinha. A pré-história do vinho remonta a vários milênios antes do início da era cristã, com o Soma, bebida sacrificial fermentada da Índia védica, que além de uma mistura mágica era um deus poderoso. Essa "poção da imortalidade" não era um vinho de uvas mas o suco de uma planta sacrificial (ao que tudo indica, a *Asclepias acida*) que provavelmente tinha propriedades psicotrópicas ou psicodélicas. E o licor do Soma tinha o nome de Vena.

Do Vena (amado, em sânscrito) se originaram os nomes que designam o vinho em quase todas as línguas e povos da Europa: é o caso do russo (*vino*), do grego (*woinos*, depois *oinos*), do latim (*vinum*), do italiano e do espanhol (*vino*), do português (*vinho*), do alemão (*wein*), do inglês (*wine*) e do francês (*vin*).

De origem mítica (Capítulo I), de essência mística (Capítulo II), de natureza santificada (Capítulo III), de consumo francês (Capítulo IV), europeu (Capítulo V) e mundial (Capítulo VI), o vinho sempre foi uma bebida civilizatória. O vinho é muito mais do que "vinho": é um patrimônio da humanidade.

Capítulo I

O vinho e sua civilização

Tão antigos quanto a história das civilizações, a vinha e o vinho sempre existiram, indissociáveis de nossas mitologias.[3] A vinha é primeiro cultivada às margens do Cáucaso (*vitis caucasica*) e depois na Mesopotâmia (na região do atual Iraque). Depois é plantada no Egito, a partir do III milênio a.C., para a fabricação de vinhos funerários. Os gregos, pioneiros do vinho na Europa, transplantam a vinha para a Sicília e para a Itália meridional; mais tarde, apresentam a viticultura aos romanos que, por sua vez, transmitem suas habilidades vitícolas aos gauleses.

I. Uma bebida mítica

"Um mito é um conto de caráter especial, uma narração em que as divindades assumem um ou mais papéis principais".[4] Ninguém duvida de que o vinho esteja totalmente de acordo com essa definição.

Na mitologia egípcia, é Rá, o deus solar criador do mundo, quem introduz o vinho e a embriaguez na Terra. Para preservar a espécie humana da ira da deusa Hathor, que os gregos identificaram com Afrodite, Rá prepara um licor inebriante cor de sangue. Em alusão ao estratagema divino, os egípcios colocavam o vinho, e todas as festas a ele ligadas, sob a égide da deusa de cabeça de vaca. Na mitologia grega, a vinha é dada por Dionísio, deus helênico

---

3. A mitologia pode ser definida como uma "filosofia em imagens" (Bottéro J. "Le plus vieux récit du Déluge", *L'Histoire*, n. 31, Paris, fev. 1981, p. 118). (N.A.)

4. Krappe, A.H.. *Mythologie universelle*. Paris: Payot, 1930. p. 11. (N.A.)

do vinho e da embriaguez, ao rei Eneias como recompensa por ter-lhe emprestado sua mulher. A tradição grega também conta outra história, segundo a qual o pastor do rei Eneias, Stafilos (o cacho de uva, em grego), percebera que uma de suas cabras ficara alegre depois de comer uvas. Stafilos tomou então o cuidado de esmagar o fruto da vinha e recolher seu suco, inventando assim o vinho. Na mitologia romana, a introdução do vinho é atribuída a Saturno, deus das Sementes e da Vinha. Os romanos representavam Saturno com a foice do ceifeiro e a tesoura de podar do viticultor. Quanto à mitologia gaulesa, esta coloca o tonel com aros de carvalho, invenção celta, sob os auspícios de Sucellus. Divindade céltica da floresta assimilada pelos romanos como o deus Silvano, representado com uma coroa de hera, uma tesoura de podar na mão e um martelo de tanoeiro nos ombros, Sucellus protegia, por assim dizer, a bebida líquida.

Nesses exemplos, a cultura da vinha aparece, mitologicamente falando, como o testemunho de uma era fabulosa em que os deuses viviam sobre a terra e o próprio vinho era considerado um mito vivo.

II. Na origem das civilizações

Os mitologistas e os filólogos estão de acordo quando dizem que o vinho está na origem das civilizações. Além da raiz sânscrita *vena* (amado), presente na etimologia da palavra "vinho" das diferentes línguas de origem indo-europeia, as sociedades antigas consideravam o fruto da vinha uma bebida civilizatória. A exemplo das religiões pagãs à sua volta, a tradição bíblica sacraliza o vinho e faz dele um dom de Deus (Gênesis 27, 28).

A Escritura nos diz (Gênesis 8, 4) que o uso do vinho só é conhecido depois do Dilúvio. A Arca de Noé (o *Noah* hebreu) encalhara no monte Ararat, *Buyut Agri* em turco, o ponto culminante (5.165 m) das muralhas do Cáucaso, situadas entre a Turquia e a Armênia. Noé, "que era agricultor", diz o Livro, foi o primeiro a plantar a vinha.[5] E o primeiro viticultor provou sua produção (Gênesis 9, 21):

> Bebendo vinho, embriagou-se e ficou nu dentro de sua tenda. Cam, pai de Canaã, viu a nudez de seu pai e advertiu, fora, a seus dois irmãos. Mas Sem e Jafé tomaram o manto, puseram-no sobre os seus próprios ombros e, andando de costas, cobriram a nudez de seu pai; seus rostos estavam voltados para trás e eles não viram a nudez de seu pai. Quando Noé acordou de sua embriaguez, soube o que fizera seu filho mais jovem. E disse: "Maldito seja Canaã! Que ele seja, para seus irmãos, o último dos escravos!"[6]

A terra de Canaã, situada para além do deserto de Sinai, na costa oriental do Mediterrâneo, será portanto designada ao povo hebreu pelo profeta Moisés como a terra prometida por Deus. Os rituais da Páscoa judaica sempre evocam a saída do Egito e a passagem (*Pessach*, Páscoa, que quer dizer "passagem" em hebraico) dos filhos de Israel da escravidão à liberdade. A refeição da Páscoa judaica, ou *Seder*, é o fundamento da Ceia cristã (do latim *cena*, refeição da noite) e, portanto, do sacramento da Eucaristia. A comunhão cristã tem como origem direta os sacrifícios simbólicos que os helenos faziam durante uma refeição em grupo (o grego *eukharistia* – ação de graças – designa esse tipo de cerimônia pagã). A identificação da vinha com a Terra Prometida permanecerá, até se tornar

5. Uma canção popular do século XIX resume graciosamente o episódio bíblico:
Noé, nosso Patriarca / Seria célebre pela Arca? / Não, seu título é mais belo, / É por ter plantado a vinha. / Convenha que foi digno, / De não morrer sob a água. (N.A.)

6. Em *A Bíblia de Jerusalém*. São Paulo: Edições Paulinas, 1989. (N.T.)

o sinal tangível de uma aliança renovada entre Deus e os homens. Mais tarde, a vinha mítica pouco a pouco sairá da Terra Prometida para por último representar a eleição de Israel. A transplantação simbólica da vinha das terras dos faraós à Terra Prometida era de fato percebida pelos hebreus como a prefiguração do Reino de Deus que, segundo o Evangelho de São Mateus (20, 1), é "semelhante a uma vinha".

No início da era cristã, a esperança messiânica do judaísmo é expressa através de uma vinha mítica. Símbolo[7] do Reino de Deus, a vinha é também a personificação do Messias: "Eu", dirá Jesus Cristo nas palavras de São João (15, 1), "sou a verdadeira videira, e meu pai é o agricultor".

Tema recorrente da profecia bíblica[8], o vinho é acima de tudo a origem da civilização de Israel.

III. A civilização do vinho

A partir de suas raízes caucasianas, a vinha estende seus dons da bacia mediterrânica às costas do Pacífico. Foram os egípcios, sobretudo consumidores de cerveja, que nos legaram os relatos mais minuciosos da vida social da vinha e do vinho.

---

7. Etimologicamente e originalmente, o símbolo é "um sinal de reconhecimento feito das duas metades complementares de um mesmo objeto. Por extensão de sentido, ele qualifica uma entidade, um conceito, um objeto, uma pessoa ou um relato representando outra entidade através de uma analogia essencial ou de uma convenção arbitrária." [L. Benoist, *Signes, symboles et mythes*, Paris, 1975, p. 124. (Coleção "Que sais-je?", n. 1605).] (N.A.)

8. Na Bíblia, se fala 441 vezes da videira e do vinho, e, das 24 parábolas de Cristo, quatro evocam esse tema. (N.A.)

Baixos-relevos nas mastabas[9], que remontam a 2.500 a.C., mostram como os egípcios cultivavam a vinha e depois transportavam as uvas para serem espremidas, bem como mil e uma maneiras de beber o vinho. Sob o reinado de Tutankhamon, quase vinte séculos antes da era cristã, já existiam jarros sobre os quais eram especificados a variedade da vinha, a designação do solo, o "ano de colheita" do vinho, o nome do proprietário e do mestre da cave – que correspondiam a uma denominação de origem controlada. A rotulação também permitia ao soberano e à elite governante a composição precisa de uma carta de bons vinhos do Egito: do delta do Nilo, claro, mas também da região de Mênfis (os vinhos de Letopólis e de Peluse, por exemplo), muito apreciados por Pepi II, faraó da VI dinastia (por volta do III milênio antes da era cristã). Os egípcios, como os gregos fariam com Dionísio, ofereciam vinho a Osíris, que primeiro simboliza o ciclo da vegetação para depois personificar os mistérios da vida depois da vida.

Para os gregos, falar em civilização do vinho seria um pleonasmo. Uma sociedade civilizada, digna desse nome, teria o dever de louvar a vinha e glorificar o vinho. Rei de Ítaca (uma ilha perto de Corfu) e pai de Ulisses, Laerte sentia um orgulho pessoal, por exemplo, de suas cinquenta fileiras de vinhas de espécies diferentes. O esperto Ulisses zomba, inclusive, do vinho rústico do ciclope Polifemo, indigno do mundo grego que representa. Os romanos são os primeiros a usarem o nome "grego" (*graeci*) para falar dos helenos. A Hélade (*Hellas*) era para esse povo uma abstração semelhante à "cristandade" na época medieval ou à "nação árabe" de hoje. A Hélade representava acima de tudo uma comunidade cultural que

---

9. As mastabas são construções funerárias do Antigo Império no Egito, túmulos de formato retangular que precedem às pirâmides. (N.T.)

se expressava em sua plenitude na arte da vinha e se manifestava no mito de Dionísio, pai fundador da civilização do vinho.

Filho de Zeus, o deus dos deuses gregos, e de Sêmele, uma princesa tebana, Dionísio nasce em condições extraordinárias: passa seis meses no ventre de sua mãe e os três últimos meses na coxa de seu pai. Essa maneira pouco comum de vir ao mundo seria suficiente para consolidar o mito desse semideus por nascimento. Ao chegar à idade adulta, uma incrível errância o faz percorrer o Oriente Médio e a Ásia Menor, onde é iniciado nas religiões secretas. Depois de uma viagem para o Cáucaso, seguida de uma estranha estada na Índia, Dionísio introduz em todos os países banhados pelo Mediterrâneo a cultura da vinha e seu culto-civilização.

Após inúmeras peregrinações, o deus do vinho chega em solo grego. Dionísio personifica a persistência da vegetação com o passar das estações, simbolizada sobretudo pelo tirso, espécie de bastão rematado com pinhas e enfeitado com folhas de videira ou de hera, planta que permanece verde enquanto toda a natureza parece morrer. A representação do ciclo natural evolui para a celebração da vida feliz e para a consagração do "eterno retorno" do deus.

No entanto, por ter nascido duas vezes, ele é muitas vezes chamado de "Dithyrambos" (o nascido duas vezes), o que significa que, desde o início, Dionísio estava associado, de maneira implícita, à morte e à ressurreição. Sob influência dos cultos orientais secretos, em particular o da deusa egípcia Ísis, irmã e esposa de Osíris, por sua vez o arquétipo do deus morto e ressuscitado, Dionísio cada vez mais será confundido com a divindade dos defuntos, cuja sobrevivência assegura. De resto, esse filho de Zeus não figurava entre os deuses do Olimpo. Talvez por isso Dionísio não apareça nos cantos homéricos. Mas talvez isso também ocorra porque o povo grego o adorava. Ele era de fato popular ao extremo, e os gregos, sentindo-se muito próximos desse deus, o louvavam e celebravam com unanimidade.

O simpósio, ou reunião de pessoas que bebem[10], era uma típica instituição dionisíaca através da qual os cidadãos gregos manifestavam sua solidariedade:

> Bebe comigo, joga comigo, ama comigo, usa comigo uma coroa: comigo, quando sou louco, sejas louco, e sábio comigo quando o sou.

Esse fragmento de canção de beber poderia ilustrar à perfeição o simpósio que Jean-François Revel define, em *Un festin en paroles*, como uma "cerimônia regulamentada".

Na Grécia, o jantar quase sempre acontecia ao cair da noite e podia ser dividido em duas partes: a refeição propriamente dita, momento de comer, e o simpósio, momento de beber taças de vinho. A "reunião de bebedores" era o pretexto para todas as conversas, das mais jocosas às mais metafísicas, chistes e espetáculos de variedades. Distrair seus comensais, saciar sua sede, alimentar a discussão, essa era a missão do dono da casa.

Na *Eneida*, o poeta romano Virgílio conta que foi o príncipe troiano Eneias quem primeiro se instalou na província do Lácio, onde fica a cidade de Roma. No início, Roma ainda não fazia parte da civilização do vinho. Plínio, o Velho, indica que Rômulo fazia as libações com leite e não com vinho. O naturalista latino acrescenta que

---

10. Simpósio corresponde mais ou menos à palavra "banquete" em português. Esse termo vem do italiano *banchetto*, ou "pequeno banco", que designava no início do século XV os bancos dispostos ao redor de uma mesa, sendo a cadeira de uso pouco comum. (N.A.)

"por muito tempo os romanos fizeram apenas um uso moderado do vinho". A lei Postumia, atribuída ao legendário rei Numa, dizia: "Não borrife vinho na lenha", que era destinada aos defuntos.

Em Roma, nos primeiros tempos, não era permitido aos jovens com menos de trinta anos beber vinho. Também era proibido às mulheres (Catão aconselhava: "Se surpreenderes tua mulher bebendo vinho, mata-a!"). Além disso, o simples fato de tocar nas chaves da despensa já era motivo para punição. A discriminação se explica primeiro pela origem mítica, depois pelo papel místico do vinho.

A vinha reinava na Itália bem antes do surgimento de Roma. Depois da fundação da cidade, em 753 a.C. (criação da cidade-fortaleza *Roma quadrata*, por Rômulo), as libações com vinho tiveram um papel de culto muito importante. Numa Pompílio (c. 715-672 a.C.), sucessor de Rômulo como rei de Roma, exigiu que o vinho das libações fosse proveniente de vinhas podadas de maneira específica. Como as mulheres não eram admitidas em cerimônias religiosas, o vinho lhes era *ipso facto* proibido. O *pater familias* podia inclusive beijar na boca (*jus osculi*) as mulheres da casa para verificar se cheiravam ou não a vinho.

Mais tarde, essa interdição será justificada pela crença (que os cristãos dogmatizarão) segundo a qual o vinho estava vivo e era comparável ao sangue (quase sempre de natureza divina). A mulher, considerada na época essencialmente uma *mater genitrix*, de certa forma se tornava adúltera ao beber um corpo vivo, superpondo um "sangue de natureza divina" ao feto que por ventura carregasse. Dessa função reprodutora deriva a proibição baseada no sangue menstrual. O vinho, comparado ao bom sangue divino (que o cristianismo às vezes chamará de Santo Sangue), se opõe ao sangue ruim, sujo e impuro, da menstruação.

Por isso, durante as ágapes[11], apenas as tocadoras de flauta, as dançarinas e as cortesãs consumiam vinho. Essas "reuniões de bebedores", chamadas com o passar dos séculos de banquetes "à romana", se assemelham muito mais a um festim do que a um ritual grego. É provável que a associação entre a "mulher leviana", a prostituta e o vinho date dessa época, alcançando o futuro desenvolvimento literário e artístico que conhecemos.

A sociedade antiga também censurava a ação de beber vinho puro, "à maneira dos citas" (povo de origem iraniana que vivia nas estepes ao norte do Mar Negro), como disse o historiador grego Heródoto. Esse costume deplorável só podia ser coisa de "bárbaros indignos de Baco", acrescenta o latino Virgílio nas *Geórgicas*.

Horácio, cujos escritos são quase todos dedicados a Baco, a suas pompas e obras, celebrou os vinhos gregos (em especial o de Metimna e o de Quíos, com seu famoso "néctar") mas também os vinhedos romanos. O poeta báquico cantou o "fogoso" vinho Falerno, o Massique, "que faz esquecer", e o Cécube, considerado o melhor vinhedo da Itália, acabando por designar todo vinho velho e generoso. Os vinhos romanos não eram bebidos durante as refeições propriamente ditas, mas durante a *comissatio*, isto é, depois do jantar ou durante a noite. Os convivas bebiam "à grega" (*more graeco*) segundo um ritual consagrado: um *magister*, presidente eleito ou designado pelos dados, determinava as proporções segundo as quais o vinho deveria ser diluído e o volume que poderia ser bebido. O vinho era então transferido das ânforas para as crateras (*craterae*), onde era misturado com água. Dali, os romanos passavam à diluição segundo o gosto de cada

---

11. Ágape é a palavra grega e latina utilizada para falar do amor ou da caridade, sendo também utilizada para denominar as refeições fraternas entre os primeiros cristãos. Aos poucos, essas reuniões foram degenerando em festins e banquetes, e acabaram proibidas pela cristandade. (N.T.)

um e nas proporções fixadas pelo *magister*. A mistura com água podia ser acrescida de gelo, como imaginara o voluptuoso Nero, batido com água recém-fervida. O uso de água quente (*calida*) para a diluição era considerado mais higiênico e recomendado para os velhos e doentes. No entanto, no banquete organizado pelo rico e emancipado Trimalquião, descrito por Petrônio no *Satíricon*, um indivíduo de aparência sadia, apesar de bêbado, irrompe no festim gargantuesco exigindo imediatamente "vinho e água quente!"

Apenas os ricos romanos tinham direito de guardar vinho na adega de suas casas (*cella vinaria*, quase sempre localizada numa peça – *fumarium* – situada no alto da construção). O resto da população precisava recorrer aos vendedores de vinho (*negotiatores vinarii*) ou aos numerosos comerciantes da cidade e, sobretudo, aos cabarés especializados, chamados *tavernae vinariae* ou apenas *vinariae* ou, de maneira mais comum, *thermopolia*. Palavra de origem grega, as *thermopolia* designavam em Atenas os locais públicos onde o vinho era consumido em companhia agradável. Assim, as *thermopolias* eram pouco frequentadas pelos cidadãos gregos de qualidade. Em Roma, a clientela das *thermopolias* formava um submundo suspeito onde reinava a prostituição e o jogo.

O mais popular jogo de azar era o cótabo. Esse jogo originário da Magna Grécia, mais precisamente da Sicília, "o país de eleição de Dionísio" segundo Sófocles, era praticado desde o século V a.C. sob o nome grego de *kottabos*. O jogador deveria despejar o resíduo de sua taça de vinho pronunciando o nome da bem-amada. Se o jato atingisse o alvo designado, o presságio era favorável. Outra variante do jogo fazia o participante beber tantas taças de vinho quanto as letras do nome da mulher amada. Para poder beber até a embriaguez, o jogador, é claro, preferiria que sua bela se chamasse Sulpiciana a Pia. Pouco a pouco, ao perder seus ares de espelunca, as *thermopolias* se tornam cada vez mais procuradas por um público familiar que queria apenas descansar tomando um vinho fresco ou quente. De resto, os vinhos da península italiana, que Virgílio, nas *Geórgicas*, dizia serem tão numerosos "quanto os grãos de areia que o vento levanta nos desertos da Líbia", invadem progressivamente o mercado de todo o Império Romano, inclusive a Grécia e a própria Índia.

Segundo Plínio, somente por volta do ano 600 a.C. os romanos começaram a apreciar o vinho e, por isso, se dedicaram à cultura da vinha. Essa data é a mesma da fundação de Massalia (Marselha) pelos fócios, que, vindos da Fócida, uma antiga colônia grega da Ásia Menor, plantaram as primeiras vinhas cultivadas da Gália céltica. Para os gauleses, o vinho era parte integrante da alimentação. Nas regiões onde a vinha era cultivada, as sementes eram muito associadas aos grãos alimentares. Durante os banquetes da Gália céltica, escravos ou crianças serviam taças de vinho de importadas da Itália (não havia copos individuais) ou os famosos chifres de auroques, descritos por Júlio César no livro VI de seus *Comentários* (*De Bello Gallico*).

Na Gália romana, apesar de ainda se beber muita cerveja, em particular a *cervoise* (produzida a partir do trigo vermelho), o uso do vinho é cada vez mais difundido, desenvolvendo-se com isso todo um conjunto de recipientes: cântaros, jarros, frascos, vasilhas especiais para a diluição, copos (*pocula*) mais ou menos trabalhados e decorados, conchas e coadores. Durante as refeições galo-romanas, as especiarias (anis, cominho, tomilho) serviam para realçar o sabor das bebidas e dos alimentos, ou para mascarar seus sabores fortes, e também podiam ser usadas para ajudar na digestão, que Plínio chamava de "os horrores do estômago". Os próprios pratos eram muitas vezes acompanhados por uma espécie de licor (chamado *garum*) resultante da decomposição de peixes salgados, muito próximo do *nuoc-mam* vietnamita. Aliás, o uso combinado do salgado e do doce faz com que muitas vezes os pratos galo-romanos sejam comparados à cozinha do Extremo Oriente.

A partir de 125 a.C., os romanos anexam a seus territórios o corredor do Ródano e o Languedoc (a *Provincia*, Provença). Criam novos centros comerciais, dentre os quais se destacam, na região de Béziers (*Julia Biterrae*), *Portus Veneris* (Port-Vendres) e Narbo Martius (Narbona), na época portos de intensa atividade por onde a *Via Domitia* passava ligando o Império Romano à Espanha. Narbonne se torna a "capital" da região, que por isso passa a ser chamada de Gália Narbonense. A metrópole regional comercializava com a Aquitânia e, através do corredor do Ródano, proporcionava à província um novo mercado em direção à Europa Central. O poeta latino Sidônio Apolinário escreverá sobre a Narbonne: "Única legítima, cultuas ao mesmo tempo Baco, Ceres e Minerva, possuindo tanto cepas de videira, espigas de trigo, pastagens e moinhos de óleo". Prosperidade que Plínio, o Velho, formulará nos seguintes termos: "Não é uma província, mas a própria Itália!".

A Narbonense matou a sede de toda a Gália, e logo começou a ameaçar os vinhos romanos. Sua expansão provocou a derrocada das exportações de vinhos italianos. Apenas os *grands crus*[12], em especial o Cécube e o Falerne, resistiram à invasão dos vinhos gauleses. Mas cada vez mais os vinhedos sufocavam o trigo, e o pão logo se tornaria escasso. Segue-se uma grave crise econômica que sacode o Império Romano a partir dos anos 90 d.C.

Em *A vida dos doze césares*, o historiador Suetônio escreve que, em 92, o imperador Tito Domiciano (51-96), "vendo que uma grande abundância de vinho coincidia

12. A expressão *grand cru* designa o vinho de qualidade superior produzido por uma região específica. A expressão varia de significado segundo as regiões – na Borgonha, por exemplo, *grand cru* é a mais alta denominação de origem controlada. (N.T.)

com uma escassez de trigo, concluiu que as vinhas eram cuidadas em detrimento dos campos. Proibiu então que se plantassem novos vinhedos na Itália e ordenou que fossem arrancadas as vinhas que ficavam nas províncias" (em especial as da Narbonense). Segundo Suetônio, "esse édito não entraria em vigor".

Será o "sábio e valente" Probo, como o chamou Chaptal[13], que, em 270 d.C., anulará formalmente o édito de 92. O imperador Marco Probo (232-282), depois de inúmeras guerras, estabelece no Império uma paz duradoura e emprega seu exército em diversos trabalhos de interesse coletivo. A exemplo do general cartaginês Aníbal, que outrora utilizara seus soldados para plantar oliveiras na África por medo de que eles se rebelassem, Probo encorajava suas tropas a semear as colinas da Gália.

Passando a Narbonense, "em direção ao Atlântico e aos mares setentrionais, César conquistou um país que desconhecia a viticultura", afirma Roger Dion[14], citando um erudito do século XVIII, crítico dos *Comentários*. Pouco depois do estabelecimento da *Pax Romana*[15], a viticultura gaulesa disporá de duas cepas resistentes ao frio: a *allobrogica*, na Borgonha e no vale do Rhône, "cuja uva amadurece com a geada", escreve Plínio, e que seria a ancestral da atual cepa *pinot*; e, na Aquitânia, a *biturica*, segundo o nome de uma tribo celta, os bituriges vivisques

---

13. Jean-Anoine Chaptal (1756-1832): químico e estadista francês que escreveu tratados sobre o vinho e a vinificação e que descobriu e deu nome à "chaptalização", processo de aumento do teor alcoólico dos vinhos através do uso do açúcar. (N.T.)

14. Dion, R. *Le Paysage et la Vigne, Essais de géographie historique*. Paris: Payot, 1990, p. 193. (N.A.)

15. A *Pax Romana* refere-se ao longo período de relativo equilíbrio e tranquilidade vivido pelo Império Romano nos dois primeiros séculos da era cristã, mantido por governantes fortes e força militar disciplinada, jamais permitindo que as regiões dominadas recuperassem sua liberdade. (N.T.)

(os "reis do mundo"), que, depois de fundarem Bourges, se instalam, no século V a.C., nos arredores do estuário da Gironda, bem como nas margens da Dordonha e da Garona, para por fim se fixarem em Burdigala (Bordeaux) duzentos anos depois. A *biturica* seria a mãe da cepa *cabernet* e teria originado "bitúrige", bêbado, "visitar bitúrico", fazer a turnê dos bares, e estaria na origem da expressão popular "tomar uma boa bitúria", isto é, embriagar-se.[16]

A queda do Império Romano do Ocidente, no ano de 476, marca por certo tempo o fim do desenvolvimento da viticultura gaulesa. A unidade criada pelo Império será substituída pelo universalismo do cristianismo: "Onde estiver a Igreja, ali estará Roma" (*ubi ecclesia, ibi Roma*). A Idade Média cristã materializará sua fé sobre os vestígios vinícolas da Antiguidade. Pagão ou cristão, o vinho é o alfa e o ômega das civilizações.

IV. Do Olimpo a Napa Valley

No ano 313, o imperador romano Constantino proclama o livre exercício da religião cristã através do Édito de Milão. Em 392, Teodósio I, o Grande, concede ao cristianismo o estatuto de religião única do Império Romano. A civilização cristã, pouco a pouco, graças à Eucaristia, se confunde com a civilização do vinho. Quando da conquista do México no século XVI, por exemplo, os missionários espanhóis utilizarão a cultura da vinha para implantar a religião cristã, e portanto a civilização do vinho, no que se tornará o Novo Mundo vinícola.

A América, do nome do navegador italiano Américo Vespúcio, dado ao continente pelo monge cartógrafo alemão Martin Waldseemüller em 1507, teria sido descoberta no ano 1000 pelos primeiros europeus (milênios depois

16. Em francês: *biturige*, *visiter la Biturie* e *prendre une bonne biture*. (N.T.)

de tribos asiáticas, os "ameríndios", terem cruzado a pé o estreito de Bering). Da mesma forma que os gregos viram "uma terra coberta de videiras selvagens" quando abordaram a península italiana, uma crônica nórdica do século XIII intitulada *Saga da Groenlândia* (ou terra verde, em escandinavo) conta que o navegador viking Leif Erikson, filho do famoso Erik, o Vermelho, descobrira "um país fértil em vinhas" (*Vinland hit goda*). Um dos homens do barco viking, um alemão de nome Tyrkir, relata da seguinte forma o que diz ter visto no interior dessa terra até então desconhecida: "Fiz uma grande descoberta: encontrei videiras e uvas em grande quantidade!" Leif, chamado de Sortudo, batiza de Vinland ou terra do vinho essa *terra nova* (é provável que se tratasse do Canadá) que um mapa de 1440 localizará a oeste da Groenland (terra verde, em dinamarquês), chamando-a de *Vinlanda Insula* (Ilha de Vinland). A autenticidade desse "mapa viking", que provaria que a América fora descoberta seis séculos antes do navegador genovês Cristóvão Colombo, é bastante contestada. Para alguns pesquisadores, em particular a partir de 2002, com a publicação dos trabalhos do professor de química Robin Clark, do University College de Londres, e de sua assistente Katherine Brown, o "mapa de Vinland" seria falso porque conteria um tipo de tinta inexistente antes de 1923.

Depois da descoberta oficial da América pelo espanhol Cristóvão Colombo, em 12 de outubro de 1492, seu compatriota Hernan Cortez parte para a conquista do México, em 1518, logo sendo seguido pelos missionários franciscanos e jesuítas, que se instalam nesse país a fim de converter ao cristianismo a população indígena e, também, para produzir o vinho necessário a seu sacerdócio. Expulsos do México em 1767, os missionários espanhóis emigram primeiro para a Baja California. Em 1769, o padre franciscano Junipero Serra funda sua primeira missão em San Diego de Alcalá. Sob o nome de "uvas da Missão" (*mission grapes*), as cepas de origem espanhola foram utilizadas até o final do século XIX pela indústria vinícola californiana. Até o dia em que a filoxera (identificada em 1868 pelo botânico francês Jules Planchon sob o nome de *Phylloxera vastatrix*[17]), que já destruíra os vinhedos europeus e da costa leste dos Estados Unidos, chega à Califórnia pelos vagões da estrada de ferro transamericana. O inseto devastará os vinhedos californianos, na época plantados com cepas europeias. Para os mesmos males, os mesmos remédios da França: a solução virá do sulfeto de carbono e do enxerto das variedades atingidas em cepas indígenas resistentes ao pulgão.

À interdição dogmática do Islã, que considera o vinho "uma abominação e uma obra do Demônio" (Corão V, 90), fará eco a Lei Seca americana. A primeira "sociedade de temperança" é fundada em 1789 por duzentos fazendeiros do estado de Connecticut. Meio século depois, as associações desse tipo ultrapassavam o número de oito mil. John D. Rockefeller, o homem mais rico do mundo na época, criava, em 1895 a *The anti-saloon league*, que se tornaria um grupo de pressão muito influente junto à administração federal e ao Congresso americano. Em 18 de dezembro de 1917, em plena guerra mundial, o Congresso americano submete aos Estados da União, para confirmação, a 18ª emenda à Constituição: 43 estados contra três (Nova Jersey, Rhode Island e Connecticut) a ratificam em 1918 e 1919. O Volstead Act (segundo o nome de seu promotor, Andrew Volstead), por sua vez, será votado em 16 de janeiro de 1920 sob influência das ligas de virtude e das sociedades bíblicas, pressão alimentada por toda uma

17. A filoxera é um gênero de inseto que apresenta duas formas: uma vive sobre folhagens (formação de galha) e a outra sobre as raízes (formação de nodosidades ou tuberosidades). A potência da vinha diminui rapidamente, e a morte, em ambiente filoxérico, acontece dentro de três a dez anos. (N.A.)

literatura edificante (como o famoso *John Barleycorn*, de Jack London[18]).

O Volstead Act interpretava a 18ª emenda declarando que a Lei Seca deveria ser estendida ao vinho, à cerveja e a todas bebidas com mais de 0,5% de álcool por volume. Poupados os vinhedos monásticos necessários à celebração da Eucaristia e o vinho comprado em virtude de uma prescrição médica (à razão de meio litro a cada dez dias), a viticultura americana será interrompida em plena ascensão, e o mercado dos Estados Unidos se fechará aos vinhos do mundo inteiro... mas se abrirá aos bandos de gângsteres de todos os tipos que abasteceram o país: foi a época dos *bootleggers*[19] (traficantes de álcool), dos *speakeasies* (bares clandestinos) e do *Rum Row* (o famoso "bulevar do Rum").

Em 6 de dezembro de 1933, Franklin Delano Roosevelt, 32º presidente dos Estados Unidos (1882-1945), decide pela suspensão da proibição do álcool e anula o Volstead Act. A Lei Seca traz graves consequências, tanto quantitativas quanto qualitativas, para a economia vitivinícola. Essa situação dramática levou os profissionais do ramo, sob a direção dos viticultores californianos de Napa Valley, inspirados talvez pela criação um ano antes, na França, das denominações de origem controlada (DOC)[20], a adotar, em 1936, normas de qualidade para os vinhos

---

18. Publicado inicialmente como folhetim no *Saturday Evening Post*, em 1913, *John Barleycorn* (*João Grão de Cevada*) é um romance autobiográfico (traduzido para o português como *Memórias alcoólicas*) no qual Jack London conta seu calvário de alcoólatra. Esse relato influenciará grandemente a opinião pública e seus representantes. (N.A.)

19. *Bootlegger* viria de *bootleg*, palavra que designa a parte superior das grandes botas nas quais os traficantes americanos do século XVII escondiam garrafas de álcool para vendê-las clandestinamente aos índios. (N.A.)

20. Em francês, *appellations d'origine contrôlée* (DOC). (N.T.)

americanos. Depois disso, a produção dos Estados Unidos (em especial de Sonoma[21] e de Napa Valley, ou dos vinhedos da costa leste) não cessará de se aperfeiçoar, atingindo, em nossos dias, os píncaros enológicos até então exclusivamente reservados aos *grands crus* europeus.

21. *Sonomo* significaria, em língua indígena, "vale das sete luas" pois, segundo conta uma lenda local, a lua apareceria e desapareceria sete vezes seguidas atrás das sete colunas do vale. (N.A.)

Capítulo II

O vinho e as religiões

Na Antiguidade pagã, o vinho era considerado um dom dos deuses: os egípcios o atribuíam a Osíris, os gregos a Dionísio e os romanos a Baco. Deus egípcio símbolo do ciclo dos nascimentos e renascimentos, Osíris foi o iniciador da permutabilidade entre o vinho e o sangue. Por influência da identificação de Dionísio com Osíris, o deus grego se voltará cada vez mais para o conhecimento dos mistérios da vida após a morte. O próprio culto de Baco consagrará um deus mais oriental que romano. A simbologia pagã do vinho será por sua vez integrada à mística cristã, cujo *sanguis uvae* (o "sangue das uvas" de que fala o livro do Gênesis 49, 11) se tornará elemento essencial da liturgia. Do início da vindima ao banquete dos deuses, na vinha como na Ceia, o vinho é a bebida mística por excelência.

I. Uma bebida mística

O vinho sempre foi considerado pelas mitologias uma bebida divina. Mesmo não sendo um vinho de uva, o licor do Soma participava com o deus do fogo, Agni, do culto oblativo da Índia védica. Para que o efeito mágico do sacrifício se realizasse, os sacerdotes indianos (os brâmanes) derramavam o deus Soma no fogo divino. Desde o Soma, o álcool (palavra árabe do século X, *al kohol*, que significava "o mais fino") vem sendo associado ao fogo e percebido como uma bebida de imortalidade. Essa noção está na base do termo *eau-de-vie*[22] (*aqua vitae*).

22. *Eau-de-vie*, a "água da vida", corresponde à aguardente do português, que teria vindo, por sua vez, do latim *aqua ardens*. (N.T.)

Uma lenda egípcia conta que Ísis, enquanto criada a serviço de Rá, consegue obter dele a revelação de seu nome secreto, usurpando-o e estendendo seu poder mágico sobre todo o universo, como o deus supremo. Ísis começará então a ser venerada como a mãe universal, sendo que cada homem representaria uma gota do sangue da deusa.

Em todas as religiões o sangue é sinônimo de vida. Segundo uma tradição suméria, por exemplo, a mistura de sangue divino e terra teria dado origem à espécie humana. Associando o sangue e o vinho, as religiões de origem semítica pretenderam dar a essa bebida um valor de imortalidade. Essa qualidade de líquido da imortalidade vem da época helênica, com Dionísio.

Ligado, como Deméter (a deusa do trigo), ao ciclo vegetal, Dionísio a princípio simbolizou a vida da vinha: a colheita, a maceração e a prensagem da uva. Depois, o deus passou progressivamente a representar a morte da uva e o nascimento do vinho, como na figuração cristã da "prensa mística", em que o suco da uva é a imagem do sangue redentor de Jesus Cristo, enquanto a prensa é a imagem da Cruz. No culto do deus helênico, o vinho "se substituía ao sangue de Dionísio e representava a bebida da imortalidade".[23] Assim, em 6 de janeiro, dia da reaparição do Sol, era festejada a Epifania (isto é, a aparição) do deus helênico. Na ocasião, Dionísio manifestava sua presença no templo dedicado a ele na ilha de Andros, uma das Cíclades, através da transformação da água em vinho. O papel simbólico desempenhado pelo vinho na mística cristã deve a essência de seus componentes aos mistérios de Dionísio.

A transubstanciação da água em vinho foi o primeiro milagre realizado por Jesus Cristo durante as núpcias de Caná (João 2, 1-12):

---

23. Chevalier, J.; Gheerbrant, A. *Dicionnaire des symboles*. Paris: Robert Laffont; Jupiter, 1986. p. 1016. (N.A.)

> No terceiro dia, houve um casamento em Caná da Galileia e a mãe de Jesus estava lá. Jesus foi convidado para o casamento e os seus discípulos também. Ora, não havia mais vinho, pois o vinho do casamento tinha-se acabado. Então a mãe de Jesus lhe disse: "Eles não têm mais vinho". Respondeu-lhe Jesus: "Que queres de mim, mulher? Minha hora ainda não chegou". Sua mãe disse aos serventes: "Fazei tudo o que ele vos disser".
> Havia ali seis talhas de pedra para a purificação dos judeus, cada uma contendo de duas a três medidas. Jesus lhes disse: "Enchei as talhas de água". Eles as encheram até a borda. Então lhes disse: "Tirai agora e levai ao mestre-sala". Eles levaram. Quando o mestre-sala provou a água transformada em vinho – ele não sabia de onde vinha, mas o sabiam os serventes que haviam retirado a água –, chamou o noivo e lhe disse: "Todo homem serve primeiro o vinho bom e, quando os convidados já estão embriagados serve o inferior. Tu guardaste o vinho bom até agora!" Esse princípio dos sinais, Jesus o fez em Caná da Galileia e manifestou a sua glória, e os seus discípulos creram nele.[24]

Depois do famoso capítulo 6 do Evangelho segundo São João, o apóstolo Paulo relata, na Primeira Epístola aos Coríntios, a última Ceia de Jesus Cristo. O apóstolo dos gentios diz na carta:

> Na noite em que foi entregue, o Senhor Jesus tomou o pão e, depois de dar graças, partiu-o e disse: "Isto é meu corpo, que é para vós; fazei isto em memória de mim". Do mesmo modo, após a ceia, também tomou do cálice, dizendo: "Este cálice é a nova Aliança em meu sangue; todas as vezes que dele beberdes, fazei-o em memória de mim".[25]

24. *A Bíblia de Jerusalém*, *op. cit.* (N.T.)
25. *Ibid.*

A parábola do Cristo se tornou um dos primeiros sacramentos da nova religião.

Assim como Ísis sai de barco pelas águas do Nilo à procura das partes do corpo de seu marido morto, a busca do Graal, na Idade Média cristã, é o protótipo do itinerário místico. Na origem, o Graal é um caldeirão sagrado no qual os celtas preparavam seus "medicamentos universais" e onde o rei destituído se afoga no vinho ou na *cervoise*. Mais tarde, com os cristãos, ele se torna um cálice de ouro que teria contido o vinho sagrado da Santa Ceia e no qual José de Arimateia, que enterrou o corpo de Jesus Cristo depois do Calvário (João 19, 38-40; Lucas 23, 53; Marcos 15, 46; Mateus 27, 59-60), teria recolhido o sangue que escorreu do peito do profeta judeu ferido pela lança do centurião romano. Uma lenda conta que José de Arimateia também teria transportado a preciosa relíquia para a Grã-Bretanha. Ele teria atracado em Glastonbury, no sul da Inglaterra, e depois disso seu rastro teria se perdido. Nos séculos XII e XIII, muitos romances (em especial *Perceval, o conto do Graal*, obra inacabada escrita pelo poeta francês Chrétien de Troyes por volta de 1180) narram a "Demanda do Santo Graal" pelos cavaleiros do rei Artur (ou Artus), soberano legendário do País de Gales (século VI d.C.). A lenda do Santo Graal se dirige acima de tudo aos "novos cavaleiros", isto é, aqueles que vestiram as "armas de luz", de que fala o apóstolo Paulo, à procura da graça divina.

No século XVI, grandes pintores venezianos como Jacopo Robusti, chamado de Tintoretto, e Paolo Caliari, conhecido como Veronese, aumentaram os faustos da abundância na representação das núpcias de Caná. Leonardo da Vinci pintou uma das mais famosas *Ceias* nos afrescos do refeitório do convento dos dominicanos de Santa Maria delle Grazie, em Milão. O convento dos cartuxos de Champmol, perto de Dijon, fundado por Filipe, o Bravo, em 1383, para servir de necrópole à linhagem real, guarda a obra do escultor francês de origem holandesa Claus Sluter, *O poço de Moisés*, na qual o artista representa a mistura da água e do vinho na Eucaristia.

A arte cristã emprega símbolos específicos para representar as estações e os meses, utilizando a uva como imagem de setembro, período da vindima. Fabre d'Eglantine[26], aliás, se inspirará nisso ao substituir no calendário republicano o mês de setembro por "vindimiário" (o mês das vindimas).

II. De Dionísio a Noé

Da Índia védica, o Soma vai pouco a pouco sendo identificado com as divindades locais e sublimado ao culto de Dionísio. Diz a lenda que esse deus estrangeiro, que tarde fora para as terras gregas, estivera no Cáucaso e depois fizera uma longa viagem misteriosa pela Índia, chegando às margens do Ganges numa carruagem puxada por panteras e, dali, percorrera o mundo antigo propagando a cultura da vinha. O deus helênico do vinho e da embriaguez se assemelha ao Osíris egípcio, ao Oratal árabe, ao Utnapishtin mesopotâmio, ao Amon líbio, ao Moloch sírio, ao Spendaramet armênio, ao Sabázios trácio e frígio, ao Liber Pater e ao Baco latinos, bem como ao Noé bíblico.

A tradição védica também aparece no que Georges Dumézil chamava de ideologia tripartida dos indo-europeus. A ideologia tripartida é encontrada em Roma no mito fundador dos irmãos gêmeos Remo e Rômulo. (A leitura de trás para diante de *Roma* resulta em *amor* em latim e *vena* em sânscrito, respectivamente amor e amado em português.) Rômulo representaria o deus védico Va-

---

26. Fabre d'Eglantine (1750-1794): ator, dramaturgo e político francês morto na guilhotina, participante ativo na elaboração do calendário revolucionário francês instituído pela Convenção de 1792. (N.T.)

runa, e o rei Numa, sucessor de Rômulo, seria uma nova imagem de Mitra. As três tribos primitivas de Roma também simbolizariam a divisão da sociedade em sacerdotes, soldados e camponeses, organização comum aos povos indo-europeus. O mesmo aconteceria com as três grandes divindades romanas, que são Júpiter (função soberana), Marte (função guerreira) e Quirino (função de produção). A tríade romana Júpiter-Marte-Quirino (isto é, Varuna e Mitra, Indra e os Ashvins da Índia védica) seria substituída, na época dos reis etruscos chamados Tarquínio (séculos VII e VI a.C.), pelas três divindades Júpiter, Juno e Minerva (correspondentes a Zeus, Hera e Atenas no panteão grego). O ditador Aulus Postumius instituiria uma nova tríade no Aventino[27], uma das sete colinas de Roma: a deusa Ceres, o deus Líber e sua consorte Líbera (respectivamente Deméter, Dionísio e Coré para os gregos).

A ideologia tripartida indo-europeia também é encontrada na sociedade celta, dividida em druidas (a soberania), cavaleiros (a guerra) e plebe (a produção). Ela é encontrada ainda na organização da sociedade medieval dividida em *oratores* (clero), *bellatores* (nobreza) e *laboratores* (terceiro estado), e talvez até mesmo, numa última variação, nos três setores da economia contemporânea: setor primário (atividades produtoras, dentre as quais a agricultura), setor secundário (atividades de transformação de matérias-primas) e setor terciário (atividades imateriais, nas quais estão reunidos clero e exército).

III. Os deuses do vinho

Nascido no ano de 146 em Leptis Magna, colônia romana da África do Norte situada no atual Uádi Lebda,

---

27. Ceres, Líber e Líbera tinham um templo no monte Aventino, perto do Tibre e da floresta sagrada de Stimula, ninfa conhecida por "agitar" as mulheres, onde também aconteciam as bacanais. (N.A.)

na Líbia, o imperador Septímio Severo casa-se com uma mulher de origem síria. Depois de garantir seu poder em Roma pelo terror e de combater os partas, seu reinado (de 193 a 211) é dedicado a favorecer os cultos orientais. A deusa egípcia Ísis se torna, em torno do Mediterrâneo e para além dele, mãe dos deuses e do universo. São encontrados templos de Ísis em Atenas, Pompeia, Paris e até mesmo Londres. Osíris, seu irmão-esposo, ressuscitará dos mortos para ser identificado a Dionísio e, por fim, tomar as feições do deus Baco.

Ísis era a mais poderosa das deusas do Antigo Egito. É provável que seu nome signifique trono ou assento. Ísis foi adorada em todo o Império Romano, onde era representada com o adorno da deusa Hathor – chifres de vaca em forma de lira envolvendo um disco solar –, com quem a divindade suprema se confundiu.

O culto a Ísis na Gália está na origem de uma lenda segundo a qual a cidade de Paris teria recebido seu nome de um jogo de palavras: "Par-Ísis" (por Ísis). Historicamente, está provado que a tribo celta dos parisii, vinda do além-Reno no século III antes da era cristã, se instalou numa ilha do Sena e deu com isso nome à futura capital francesa. Por outro lado, é certo que o emblema da cidade de Paris e sua divisa (*fluctuat nec mergitur*: ele – o navio parisiense – é sacudido pelas ondas, mas não afunda) lembram as viagens de Ísis em busca de seu marido e irmão Osíris.[28] Já a basílica de Saint Germain des Prés e as catedrais de Notre Dame de Paris e de Chartres foram construídas no local de templos dedicados a Ísis. A grande deusa também apresenta muitos traços em comum com a Virgem Maria: Ísis dando o seio a seu filho Horus

---

28. Alguns autores, no entanto, veem a origem histórica do navio emblemático no brasão utilizado desde o século XIII pelos "mercadores da água" de Paris, descendentes dos navegadores de Lutécia. (N.A.)

prefigura a "Virgem e o menino", e está na origem direta da tradição popular das virgens negras na Europa. A França conta com cerca de trezentas madonas de pele escura – por exemplo, Nossa Senhora de Puy, na origem uma estátua de Ísis, ou "Nossa Senhora abaixo da Terra", na catedral de Chartres –, a Espanha abriga aproximadamente cinquenta, dezenove estão na Alemanha, trinta na Itália e outras mais são veneradas em diversos países europeus, a Polônia em particular – Nossa Senhora de Czestochowa é a representação mais conhecida.

Depois da campanha do Egito de Napoleão Bonaparte, de 1798 a 1801, e da decodificação dos hieróglifos, realizada em 1824 pelo orientalista francês Jean-François Champollion, a França intelectual é tomada pela "egiptomania". A franco-maçonaria incorporaria essa moda e retomaria os mistérios de Ísis em sua tradição esotérica. O mito de Ísis partindo em busca de seu irmão amado e esposo Osíris, perdido nas águas do Nilo, retalhado em quatorze pedaços para por fim voltar a ser recomposto antes de ressuscitar, inspira grande número de escritos iniciáticos.[29]

> A franco-maçonaria, herdeira direta das antigas fraternidades iniciáticas, ensinava ao iniciado a história de Osíris, deus do mundo subterrâneo, seu despedaçamento, sua reconstituição por Ísis, e as danças simbólicas dos iniciadores revelavam os mistérios que a palavra era incapaz de traduzir.[30]

---

29. "Iniciação" vem da palavra *initium* em latim, isto é, início. Iniciar um homem significa, no sentido místico, desencadear nele uma espécie de marcha inicial, ponto de partida de um itinerário interior. (N.A.)

30. Papus (ou também Gérard Encausse). *Ce qui doit savoir un maître maçon.* Paris: Librairie générale et internationale Gustave Ficker, 1910. p. 70. (N.A.)

Sempre se atribuiu aos deuses mortais o poder não apenas de ressuscitar, mas de garantir a imortalidade a seus seguidores. "Eu sou a ressurreição e a vida" eram palavras ouvidas no ritual do deus redentor egípcio, bem como nos funerais dos faraós. As palavras mágicas pronunciadas durante a celebração do culto a Osíris talvez tenham contribuído para o sucesso religioso do cristianismo.

A ópera *A flauta mágica*, escrita por Mozart em 1791, também é uma iniciação aos mistérios de Ísis. Em sua obra, o compositor austríaco põe em evidência a busca da unidade perdida e as provações que levam ao conhecimento.

Esse caráter iniciático está muito presente na Grécia na cidade de Elêusis, a noroeste de Atenas, onde eram celebradas as grandes cerimônias em louvor a Deméter, deusa do trigo. Nas civilizações antigas, essencialmente agrárias, o ciclo do grão de trigo era visto como o símbolo do destino do homem.

Para o grego antigo, nada havia de mais misterioso do que a terra como celeiro da humanidade e, ao mesmo tempo, túmulo natural dos homens. As divindades que a habitavam deveriam conhecer o segredo da vida. É por isso que os homens livres e os escravos, cidadãos gregos e bárbaros[31], compareciam na primavera e no outono ao santuário de Elêusis para obter a revelação desses mistérios. Os candidatos à iniciação usavam um baco, espécie de bastão formado por varetas reunidas num feixe e presas por anéis de folhagem, que não deixava de lembrar o tirso de Dionísio. Uma das cerimônias dos mistérios de Elêusis ilustra bem a simbologia do trigo: na cena do epoptismo, o participante contempla em silêncio um grão de trigo. Através do trigo, louvava-se a Deméter e ao destino paralelo da alma e do grão, "submetidos à mesma permanência

31. O termo "bárbaro" hoje em dia é injurioso. Para os gregos, *bárbaro* significava simplesmente "estrangeiro". (N.A.)

nas trevas antes de aceder à luz".[32] O epoptismo é muitas vezes comparado à evocação do deus morto e ressuscitado que caracterizava os cultos dos mistérios de Osíris e de Dionísio. A iniciação, em todas as épocas, sempre quis atingir o mesmo objetivo: o de instruir o homem e, com isso, tornar o Destino impotente em seus ataques.

Encontramos o deus do vinho sob os traços do Liber Pater, uma velha divindade rústica da Itália central. Tomando seu nome lídio *Bakkos* e também o termo pelo qual os romanos designavam a uva (*baca*), Liber Pater presidia a cultura da vinha e a fertilidade dos campos. O deus itálico não possuía uma mitologia própria e foi por isso assimilado a Baco, enquanto sua consorte, Líbera, foi identificada a Ceres, deusa do trigo. Essa mutação é patente naquilo que se chamou "o escândalo dos bacanais" e que Tito Lívio (v. 64 ou v. 59 – v. 10) relata com detalhes em sua *História de Roma* (*Ab urbe condita*), texto que vai da fundação da cidade, em 753 a.C., ao ano IX a.C.

Os bacanais ou mênades (do grego, "louca") eram festas noturnas nas quais mulheres, levadas pela exaltação e pelo delírio místico, se entregavam ao excesso e aos desregramentos sexuais, em cenas orgíacas que excitaram a imaginação dos artistas (especialmente os gregos, como Eurípides na tragédia *As bacantes* e o escultor Escopas, que em sua *Mênade* petrifica uma dessas possuídas), e não deixaram de evocar as descrições da histeria feitas, em 1880, pelo médico francês Jean Martin Charcot.

Depois de um discurso virulento de Catão, censor incansável do luxo e da luxúria em Roma, bem como do testemunho acusador do jovem romano Aebutius e de sua amante Hispala, o cônsul Postumius convocou uma reunião extraordinária do Senado no ano 186 a.C. No final da sessão, um *senatus consulto* (*De Bacchanalibus*) proi-

---

32. Lacarrière, J. *En suivant les dieux*. Paris: Philippe Lebaud, 1984. p. 186. (N.A.)

biu, tanto em Roma como no resto da Itália, a celebração dos bacanais "como atentados à segurança do Estado e contrários à moral e à religião". O texto senatorial, que foi encontrado na Calábria gravado numa placa de bronze, também prescreve "que nenhum homem frequente as bacantes". A ordem romana cai com força sobre os "conjurados" (a repressão teria feito milhares de vítimas). Os bacanais renascerão, no entanto, na época do Império com o nome de *Liberalia*. Como as orgias, foram por muito tempo desacreditados, apesar de os dois termos designarem, na origem, cerimônias religiosas lícitas.

A bebida dos deuses inspirará de maneira marcante a arte funerária dos cristãos. Cenas dionisíacas em que o deus pagão é substituído pelo Bom Pastor enfeitam os primeiros sarcófagos cristãos. O uso de temas do deus do vinho mostra que a bebida também era considerada um símbolo de imortalidade: o vinho dos cristãos é, em essência, uma bebida mística.

IV. O vinho dos cristãos

> Se a viticultura, depois da queda do Império Romano do Ocidente, em 476, sobreviveu à ruína das cidades que a haviam propagado no solo gaulês, e se conseguiu, desde então, manter e aumentar suas posições, foi porque conservou, aos olhos dos homens da Idade Média, o prestígio de que gozava na sociedade antiga. Ela continua sendo, independentemente do papel que lhe atribui a religião, um ornamento necessário à existência da alta classe e, com isso, uma das expressões sensíveis da dignidade social (...).
>
> Assim como testemunhado até os dias de hoje pelo costume do *vin d'honneur*[33], pertencemos a uma civilização que faz do oferecimento de um bom vinho uma das condições de uma boa acolhida. Nos séculos em que a

33. O *vin d'honneur* é o vinho oferecido aos convidados após alguma cerimônia ou celebração. (N.T.)

> burguesia ainda não era representativa, era na residência episcopal que se hospedavam o rei e as altas figuras ao passarem pela cidade, e era da despensa do bispo que saía o vinho necessário para tratá-los condignamente.[34]

Ao agradecerem pela hospitalidade, esses ilustres viajantes dedicam múltiplas dádivas ao bispo. A gratidão pode se expressar na oferenda de um terreno para aumentar o vinhedo do bispado ou pela concessão de um privilégio facilitando a circulação e o comércio vinícolas. Primeiro personagem da cidade, o bispo era naturalmente considerado o *pater vinearum* (o pai das vinhas). Para ele, será um dever e uma honra plantar e explorar em pessoa o vinhedo episcopal.

> Tanto quanto os bispos, e pelos mesmos motivos, era importante que os monges não ficassem sem vinho, e que este fosse bom.[35]

Vindos do Egito no fim do século IV, os monges (do grego *monos*, homens solitários) não atraíram a simpatia das massas: "Nunca penteados, raramente lavados, com a barba hirsuta, cheirando a poeira, maculados pela camisa de malha e pelo calor"[36], eles cultivavam por tradição uma equilibrada imundície para humilhar o corpo – à imagem de São Macário, que vivia como eremita em cima de uma coluna e "quando os vermes caíam de seu corpo, o santo homem os recolhia e recolocava sobre seu corpo para que essas criaturas de Deus também fizessem seu festim".[37] Esses homens vindos de longe, sujos e esfarrapados, que

---

34. Dio, R. *Viticulture ecclésiastique et viticulture princière au Moyen Age*. Revue historique, CCXII, jul-set. 1954. (N.A.)
35. *Ibid.*
36. Eco, U. *Le pendule de Foucault*. Paris: Grasset-Fasquelle, 1990. p. 92. (N.A.)
37. *Ibid.*

se aventuravam até Roma, assustavam tanto as populações locais que estas jogavam pedras à sua passagem. Depois da queda do Império Romano do Ocidente, em 476, a situação mudará de maneira radical, e os monastérios surgirão como os únicos baluartes eficazes ao caos e à guerra civil, e depois às hordas de bárbaros que se lançaram sobre a Europa do século V. Os bárbaros muitas vezes pouparam os monastérios porque temiam a suposta bruxaria dos monges. Estes, aliás, sempre alimentaram junto à população laica lendas misteriosas sobre suas atividades – coisa singular que Edmond Rostand (em *Cyrano de Bergerac*, ato III, cena VII) traduzirá nas seguintes palavras: "Será um homem? Uma mulher? – Ah, é um capuchinho!" O monge, de fato, pode ser definido como o cristão que "se retirou do mundo, fez votos de pobreza, castidade e obediência e vive sozinho como eremita ou numa comunidade"[38], na qual vive o que se poderia chamar de "solidão coletiva". Geralmente "descalço" (isto é, com os pés nus dentro de sandálias), o monge usa uma coroa de cabelos, para simbolizar o sol, o topo da cabeça raspado, para simbolizar sua submissão, e veste um hábito que o isola do mundo exterior com um capuz, que é para ele uma verdadeira cela em miniatura.

Devido às prescrições do concílio de Aix-la-Chapelle, de 816, que incentivou as viticulturas eclesiásticas, os vinhedos franceses em geral são resultantes da conjunção de uma sede episcopal (às vezes escolhida em função da qualidade do solo) com um curso de água navegável (caso, por exemplo, de Bordeaux, Lyon e Paris), pois, segundo o velho adágio vinícola, "a vinha precisa ver o rio". A expansão dos vinhedos foi tão grande que, em algumas regiões francesas, os efetivos do clero podiam chegar a um quinto da população adulta. Antes do Concílio

38. Seward, D. *Les moines et le vin*. Paris: Pygmalion; Gérard Watelet, 1982. p. 17. (N.A.)

de Constância, em 1414, o sacramento da Eucaristia era dado aos laicos nas duas espécies (pão e vinho). Depois do abandono do vinho na comunhão dos fiéis, sua função caritativa se tornará essencial.

Todas as grandes ordens monásticas – em particular beneditinos, cistercienses e cartuxos – estiveram na origem dos maiores vinhedos franceses. As abadias foram para os vinhos de qualidade o que as cooperativas serão para os vinhos comuns.

São Bento, "pai da Europa e patrono do Ocidente", conforme proclamado em 1958, nasceu na Núrsia, em 480, a uma centena de quilômetros de Roma, aonde iria para estudar. Na antiga fortaleza de Monte Cassino, na Campânia, Bento de Núrsia escreveu sua Regra, que exerce influência decisiva no desenvolvimento posterior da vida religiosa e que faz de Bento o pai do monasticismo ocidental. A *Regra de São Bento* (um prólogo e 73 capítulos curtos) contém, em particular, um capítulo intitulado "Como beber", onde ele afirma "que um quarto de litro (de vinho) por dia é suficiente", mas que "se uma maior quantidade se revela necessária, cabe ao abade decidir, tomando cuidado para que não haja excesso, nem embriaguez", pois "o vinho faz até mesmo o sábio cambalear". Daí vem a imagem recorrente na literatura do monge bom "copo" e *bon vivant*, do rabelaisiano frade Jean des Entommeures ao reverendo padre Gaucher, de Alphonse Daudet.

Seguidores dessas regras, os beneditinos criaram os vinhedos franceses mais famosos do Bordelais (Château-Pouget e Château-Prieuré), da Borgonha (Corton, Mâcon, Pommard, Romanée-Conti, Vosne Romanée), da Champagne, do Loire (Bourgueil, Muscadet, Saint-Pourçain), do Jura (Château-Chalon) e da Provence (Bandol). E não devemos esquecer a famosa "Bénédictine", cujo nome, dizem, foi dado em 1534 pelo rei François I durante uma visita à abadia de Fécamp, que fabricava esse célebre licor desde 1510.

Em 1098, o abade Robert de Molesme funda em Cîteaux, que fica vinte quilômetros ao sul de Dijon, perto de Nuits-Saint-Georges, uma comunidade religiosa procedente da ordem de São Bento. Os fundadores de Cîteaux vinham da abadia de Cluny, não longe de Mâcon, de onde partira um movimento de reforma com vistas a separar o clero dos poderes temporais. Mas Cluny fora vítima de seu sucesso e de seu poder, e mais uma vez uma volta à simplicidade se fizera sentir. Em 1108, Etienne Harding se torna abade de Cîteaux. Seus primeiros anos foram muitos difíceis, devido à fome e à falta de vocação para o sacerdócio. O *scriptorium*, onde os monges copistas colocavam seu talento a serviço das Sagradas Escrituras, começa a produzir obras-primas (dentre as quais a chamada Bíblia de Santo Etienne Harding). Mas será o futuro São Bernardo (1090-1153) que dará à abadia de Cîteaux seu verdadeiro impulso e seu caráter particular, baseado no equilíbrio entre a oração e o trabalho manual (a divisa da ordem é *Crux et aratrum*, a Cruz e o arado). A independência dos cistercienses implicava também a recusa do dízimo e dos rendimentos eclesiásticos. O dízimo eclesiástico era um sistema particular pelo qual os camponeses pagavam ao clero um décimo de suas colheitas, enquanto os fabricantes de vinho não podiam vender seu vinho antes que os monges tivessem comercializado o seu.

Nascido em 1090 em Fontaine-les-Dijon, São Bernardo foi uma das mais importantes figuras espirituais e políticas do período medieval. Sua família era da pequena nobreza; seu pai, Tescelin de Fontaine, cavaleiro e vassalo do duque da Borgonha. Bernardo foi muito cedo atraído pela vida monástica. Em 1113, aos 22 anos, ingressou no pequeno monastério de Cîteaux com trinta companheiros e ali despertou uma série de vocações. Seus discursos, que exaltavam a vida religiosa, eram tão eloquentes que ele logo foi seguido no monastério por quatro de seus irmãos, por seu pai viúvo e por trinta de seus parentes. O brilhante predicador foi também o inspirador, em 1128, da regra da Ordem dos Templários e o conselheiro espiritual do papa Eugênio III (pontífice de 1145 a 1153).

Três anos depois de sua chegada, o futuro São Bernardo se tornaria abade da nova abadia de Clairvaux, na Champagne. Nas 393 abadias fundadas pelo monge-arquiteto, reinarão, até sua morte, em 20 de agosto de 1153, o despojamento, a simplicidade e a sobriedade. Os vitrais coloridos seriam substituídos por vitrais brancos ornamentados com rosáceas e entrelaçamentos geométricos desenhados pelas armações de ferro. Nenhuma escultura deveria ornamentar a pedra nua. Linhas retas e luzes brancas: pela austeridade é que se deveria chegar à harmonia. De acordo com esse ponto de vista, a arte cisterciense não deixa de ter relação com a arte contemporânea, o que explicaria o interesse de certos artistas por Cîteaux. A abstração, a nudez, o vazio aos quais a arte de nosso tempo concede tanto espaço em sua busca do absoluto de fato vai ao encontro da arte cisterciense.

São Bernardo morre em sua abadia de Clairvaux e é canonizado, em 18 de janeiro de 1174, pelo papa Alexandre III (pontífice de 1159 a 1181).

Todo o século XII fora dominado pela mística de Bernardo de Clairvaux. O último Pai do Ocidente fora o primeiro a imaginar uma Europa mística baseada na língua e na cultura latinas. Sob sua impulsão, toda a Europa cristã se cobriria de vinhedos monásticos. Os cistercienses se tornariam progressivamente os mestres incontestes da viticultura. De 1336, data da criação efetiva do vinhedo de Clos-de-Vougeot, na Borgonha, até 1790, data da dissolução de Cîteaux e da venda em leilões de todos os seus bens, a carta de vinhos da França se confundirá com a da localização geográfica da ordem.

A ordem dos cartuxos, por sua vez, fundada por Bruno Hartenfaust, originário de Colônia, onde nasceu em 1035, tem sua organização calcada na dos cistercienses.

Sua originalidade reside num retorno ainda maior à austeridade, ao silêncio e à vida contemplativa. Mas a ascese cartuxa não criava obstáculos ao notável enriquecimento do patrimônio vinícola francês. Além dos vinhos de Cahors e de Mougères, para citar apenas dois, todos somos devedores do divino Châteauneuf-du-Pape, que tira seu nome do palácio dos papas de Avignon, que Bento XII começa a construir no século XIV. Petrarca conta que os cardeais da corte de Avignon não queriam retornar a Roma, onde a bebida não era encontrada, porque "consideravam esse vinho como um quinto elemento". Por fim, o melhor: a invenção do célebre licor Chartreuse, cuja fórmula e segredo se perdem nos meandros do tempo. O monastério do maciço da Grande Chartreuse, situado nos Alpes e fundado por São Bruno em 1084, foi no início uma justaposição de cabanas de madeira. Os prédio atuais datam de 1676. Oito vezes incendiado, pilhado pelos protestantes durante a Reforma, depois pelos revolucionários no Terror, transformado em "universidade de verão" após a expulsão violenta dos monges durante a III República, a Grande Chartreuse felizmente continua produzindo seu santo licor.

No século V, quando o 17º bispo de Reims, São Remígio, compra as terras de Sparnacus, mais conhecidas hoje em dia pelo nome de Epernay, ele pretendia construir um local de oração. Seu sucessor, o bispo de Nivard, sobrinho do "bom rei Dagoberto", funda em 660, na outra margem do Marne, a abadia de Hautvillers. Esse monastério foi um local de peregrinação famoso, ligado à presença das relíquias de Santa Helena. Ele fechará suas portas em 1791, quando seus monges serão expulsos pela Revolução e seus prédios e vinhas serão vendidos como bens nacionais. O inventário feito na época contava seis mil garrafas.

Durante o período galo-romano, a vinha já existia na Champagne, e os beneditinos eram especialistas da vinificação. Se acrescentarmos que Reims era desde 496, data da sagração de Clóvis, a cidade das sagrações reais (a última será a de Carlos X, em 29 de maio de 1825), entenderemos por que o vinho da Champagne (o "vinho da sagração") tem, desde o século XI, uma grande reputação. Foi um vinho da Champagne que São Remígio ofereceu a Clóvis quando de seu batismo, garantindo a vitória sobre os visigodos enquanto restasse uma gota do líquido em seu barril. Foi também da Champagne o vinho servido para a sagração de Carlos IV, em 1321, e para a de Filipe VI, em 1328. Foi ainda o vinho da Champagne que o rei da França ofereceu ao soberano da Alemanha, em 1398, durante um encontro diplomático tão bem regado que "o Imperador assinou tudo o que se quis".

Mas a champanhe das festas de outrora não é a que conhecemos hoje. Em primeiro lugar, apenas em 1600 os vinhos da Champagne são chamados "vinhos da Champagne" e não mais "vinhos da França" ou "vinhos franceses", isto é, da Île-de-France. Em segundo, porque o vinho vermelho borbulhante foi se tornando natural e progressivamente um vinho cinza, depois branco. Por último, porque o legendário Dom Pérignon ainda não nascera.

Pierre Pérignon nasce em janeiro de 1638, em Sainte Menehould, na Argonne, nos confins da Champagne. Depois de seguir estudos religiosos com os jesuítas e viver, a partir de 1657, na ordem dos reverendos beneditinos, ele deixa o monastério de Saint-Vanne de Verdun para entrar, em maio de 1668, na abadia beneditina de Hautvillers, onde viva uma dúzia de monges. Dom Pérignon é promovido, aos 29 anos, a mestre ecônomo (hoje diríamos gestor), função que manterá até sua morte, aos 76 anos, em 14 de setembro de 1715. Mas ele se distinguiria sobretudo pelo aproveitamento e valorização dos 39 arpentos de vinhas (pouco mais de dezenove hectares), pela construção a partir de gigantescos troncos de carvalho de três prensas de quinze metros de comprimento, pela criação de adegas escavadas no solo, bem como pelo cuidado no tratamento das colheitas e dos vinhos.

Espécie de Leonardo da Vinci do vinho, se atribui ao beneditino cego de Hautvillers[39] a elaboração do vinho branco a partir da uva preta; a adaptação das diferentes variedades de cepas segundo a exposição e a natureza do solo; a invenção da técnica de beneficiação, em outras palavras do *assemblage* ("mistura") de vinhos locais, ou, em caso de colheita medíocre, a mistura com produções de anos anteriores; a operação de decantação, que consiste em retirar o sedimento que se deposita na garrafa sem que o conteúdo seja muito afetado; a transposição da segunda fermentação do vinho do barril para a garrafa e, com isso, a descoberta do princípio de efervescência e, talvez, do segredo da conservação da espuma; a fabricação da garrafa chamada *champenoise* e a (re)descoberta da rolha de casca de sobreiro, cuja ideia teria ocorrido a Dom Pérignon ao observar peregrinos espanhóis fecharem hermeticamente seus cantis de couro com pedaços de cortiça talhados a faca.[40]

O fato de que na França a rolha não tenha sido usada até o século XIII é aliás bastante curioso, pois foram descobertas na Sicília rolhas de cortiça vedando antigas ânforas gregas e, graças a uma ode de Horácio ou aos cântaros expostos na chamada "Casa do mercador de vinho", em Pompeia, se sabe que os romanos tinham o costume de cobrir de resina as rolhas de cortiça, como se faz hoje. Parece, portanto, que o uso da cortiça foi abandonado durante a Idade Média, antes de ser retomado há cinco séculos e se impor no século XVIII com a invenção do vinho espumante. Quanto ao saca-rolhas, ele surge apenas em

39. Weinhold, R. *Vivat Bacchus*. Zurich: Stauffacher, 1976. p. 177. (N.A.)

40. Na Idade Média, o vinho era carregado em cantis de couro, chamados *boutiaux* ou *boutilles*, que se tornariam frascos de vidro com o nome de *bouteilles* [garrafas]. (N.A.)

1630 na Inglaterra, junto com seu irmão saca-balas, que acompanhava as armas de fogo.

Dom Pérignon é sepultado em 1715 no coração da igreja abacial de Hautvillers, aos pés do altar-mor, sob uma laje de mármore negro cujo texto lembra que viveu *cum summa laude*, isto é, de maneira digna dos maiores louvores. A abadia foi depois ocupada, em 1814, pelos cossacos do general Olsufiev, e a propriedade voltou a ser comprada, em 1823, por Pierre-Gabriel Chandon de Briailles, genro de Jean-Rémy Moët. Hoje, o que resta do mosteiro beneditino pertence à casa Möet & Chandon, que transformou uma ala do claustro numa adega reabilitada em um museu que homenageia Dom Pérignon, sempre presente no local.

O cristianismo foi, na França, o propagador da vinha e o propagandista do vinho. Herdeira do patrimônio vinícola galo-romano, a viticultura eclesiástica alimentará o poder e a glória da Igreja. O papel histórico da viticultura eclesiástica chegará ao fim com a Revolução Francesa, e a vinha será totalmente laicizada no início do século XIX. Mas, ao associar de maneira profunda o "sangue das uvas" à liturgia, a Igreja aos poucos foi se identificando com a civilização do vinho. Essa tendência pode ser percebida no culto dos santos vinhateiros.

Capítulo III

O vinho e os santos

Estranho ofício, esse de viver da vinha... Com apenas uma geada na primavera, um pouco mais de chuva ou um excesso de seca, uma passagem de pássaros, uma tempestade ou uma neve precoce, o trabalho de todo um ano pode ser destruído ou gerar um produto de qualidade medíocre. O viticultor, mais que outros agricultores, é um homem que não sabe "a que santo rezar" para escapar das calamidades naturais. Mas é também aquele que, mais do que outros, conhece o grande ciclo natural e percebe a dimensão trágica da vida. Apesar de os santos serem onipresentes na viticultura, a visão do viticultor está muito afastada da visão dos homens da Igreja, a ponto de termos de nos perguntar se por trás do pagão Baco e do cristão São Vicente não permanecem vivos antigos ritos agrários.

I. Uma bebida santificada

Os santos são os herdeiros dos deuses, e os santos vinhateiros são os sucessores dos deuses do vinho. Uma especialização surge a partir do século XII, com o nascimento das corporações e das confrarias de ofício. Na maior parte das vezes, um único santo tutelar patroneava uma profissão. Para os vinhedos franceses, mais de trinta santos patronos foram enumerados.[41]

Todos têm boas razões para reivindicar essa honra. Seja porque seus nomes influenciaram suas vocações, como foi o caso de São Vito (*vitis* significa "vinha" em

---

41. Lecotté, R. *Saints protecteurs de la vigne et du vin en france*. Tours: Musée des Vins de Touraine, 1975. p. 423. (N.A.)

latim) ou São Davin (*da vinum* quer dizer "aquele que dá o vinho"); seja porque os santos vinhateiros tenham sido martirizados e tenham derramado seu sangue por causa de sua fé, renovando o sacrifício de Jesus Cristo, que os crentes perpetuam graças ao vinho. O vinho dos mártires era considerado de certa forma como uma semente cristã. Algumas vezes, as anedotas sobre a vida dos santos padroeiros permitiam que eles adquirissem credibilidade junto ao povo: São Vernier era viticultor e filho de viticultor; Santo Urbano protegera o vinho de saqueadores e salvara a vinha com suas orações; o burro de São Martinho teria inventado a poda ao pastar uma vinha; São Vicente era diácono e tinha a função de servir o vinho no cálice durante a missa etc. Na verdade, é provável que toda essa hagiografia mascare outras realidades mais antigas, conforme revelado pelo estudo do calendário.

II. Os santos vinhateiros[42]

As dezenas de santos vinhateiros identificados na França têm funções corporativas[43], regionais e temporais.

> Isso pode ser observado entre os santos protetores dos vinhedos: Santo Antonin, abade, é festejado em 14 de fevereiro; São Friard é festejado em 1º de agosto; São Gautier é festejado em 9 de abril; Santa Genoveva é festejada em 3 de janeiro; São João Porta Latina é festejado em 6 de maio; Santa Madalena é festejada em 22 de julho; São Morand é festejado em 4 de junho; Santo Urbano, papa, é festejado em 25 de maio; Santo Urbano, bispo, é festejado em 2 de abril; São Vicente é festejado em 22 de janeiro; São Werner é festejado em 19 de abril.

---

42. Gautier, J.-F. "Les saints vignerons de Paris". *Les Petites Affiches*. Paris, nº 112, 17/09/1993. p. 20. (N.A.)

43. Du Broc de Segange, L. *Les saints patrons des corporations*, 1887, citado por Roger Lecotté, *op. cit.*, p. 423. (N.A.)

O mesmo acontece com os santos protetores dos tanoeiros: São Nicolau é festejado em 6 de dezembro. E também com os santos protetores dos viticultores: Santo Amand é festejado em 6 de fevereiro; São Vicente é festejado em 22 de janeiro.
E com os santos protetores dos carregadores e transportadores de vinho: Santo Eustáquio é festejado em 20 de setembro; São Nicolau é festejado em 6 de dezembro; São Lubin é festejado em 14 de março.
E com o santo patrono dos descarregadores de vinho: São João Batista é festejado em 24 de junho.
E com os santos protetores dos mercadores de vinho: Santo Amand é festejado em 6 de fevereiro; Santa Madalena é festejada em 22 de julho; São Martinho é festejado em 11 de novembro; São Nicolau é festejado em 6 de dezembro; São Vicente é festejado em 22 de janeiro.
Surpreendentemente, os inspetores de vinho têm um santo tutelar na pessoa de São Vicente, que esses fiscais, como todos os profissionais do vinho que se prezem, celebram no 22 de janeiro de cada ano.
Quanto aos santos protetores da vinha, eles são divididos de maneira funcional e sazonal. O primeiro trimestre vitícola, durante o qual são feitas a poda e as primeiras lavras, é também o de louvores aos santos encarregados de ajudar na subida da seiva, como São Vicente (22 de janeiro), São Paulo (25 de janeiro), São Blaise (3 de fevereiro) ou Santo Aubin (1º de março). No segundo trimestre, reza-se a São Gautier (9 de abril), São Vernier (19 de abril), São Jorge (23 de abril), São Marcos (25 de abril), São Thiébault (16 de maio), São Marcelino (2 de junho), São Morand (3 de junho), São João Batista (24 de junho) etc., para que estes protejam as vinhas das geadas e ajudem na floração. No terceiro trimestre, o amadurecimento é o que importa, e as primeiras uvas colhidas são oferecidas a São Pedro em Liens (1º de agosto), São Lourenço (10 de agosto), São Roque (16 de agosto) ou à própria Nossa Senhora (15 de agosto), às vezes chamada de Nossa Senhora das Vinhas.

Por fim, o último trimestre do ano vitícola é o da colheita e da fermentação. São Remígio (1º de outubro), São Sérgio (7 de outubro), São Grat (16 de outubro), São Caprais (20 de outubro), São Martinho (11 de novembro), Santo Elói (1º de dezembro), São Nicolau (6 de dezembro), Santa Otília (13 de dezembro) ou Santo Urbano (19 de dezembro) são então invocados pelos viticultores.

Os mais importantes dos santos protetores da vinha e do vinho na França são: São Vincente, São Martinho e... São Baco, cuja festa patronal ocorre no domingo que se segue ao 7 de outubro (dia de São Sérgio), ou seja, durante os bacanais de outono.

III. São Baco[44]

> São Baco, segundo a história, veio do além-mar, é coisa certa.

Como conta essa trova do século XIV, intitulada "O martírio de São Baco", foi de fato de além-Mediterrâneo que nasceu a lenda do "santo pagão". Na época do imperador Diocleciano, no século IV, a *Schola Gentilium*, uma tropa de elite composta por bárbaros, era comandada por dois jovens oficiais do exército romano da Síria chamados Baco e Sérgio. Denunciados como cristãos por seu chefe Antióquio, foram martirizados em 304 e depois canonizados.[45] O culto desses santos se enraíza primeiro no Oriente, especialmente em Rosafa, na Mesopotâmia, onde Sérgio fora decapitado e enterrado (a cidade se torna um grande local de peregrinação e muda de nome para Sergiópolis), e em Barbalissos, onde estaria a tumba de

---

44. Gautier, J.-F. *Le vin à travers les âges*. Bordeaux: LCF, 1989. p. 80. (N.A.)

45. Baudot; Chaussin. *La vie des saints et des bienheureux*. Paris: Librairie Letouzey & Ané, 1948. p. 191. (N.A.)

Baco, depois em Roma e dali para a Gália, a partir do século VI.

Em Jouques, pequena aldeia da Provence, existe uma lenda que coloca em cena um certo São Baqui (ou Bacchi). Este também seria um oficial romano convertido ao cristianismo, mas que depois de evangelizar a região teria se tornado eremita. No local de sua morte, uma capela teria sido construída no século IX. Depois de apropriada como bem nacional durante a Revolução e desativada em 1919, a capela de São Baqui foi por fim vendida como bem comunal em 1920. Hoje propriedade privada, a construção está quase em ruínas. Os afrescos murais da capela São Baqui retratam as cenas da vida do lendário legionário, enquanto estranhos anjinhos negros ornam a abóbada. Estranho também é constatar que São Baqui é onipresente em Jouques (estátuas, quadros, afrescos etc.), enquanto que aparentemente nenhuma função simbólica específica justifica sua existência.

Uma segunda versão conta que a capela em questão foi edificada no século IX no local de um templo a Baco. A superposição, ou a osmose, de um deus pagão com um santo cristão parece esclarecer o fenômeno.

Acima de tudo necessidade vital, o sincretismo cristão permitiu a popularização da nova religião. De Santa Apolínea a Santa Zoé, ou de Santa Olímpia a Santa Walburge, os santos pagãos serviram de suporte à imagética cristã. As referências e as persistências da liturgia cristã aos ritos báquicos se tornam evidentes no culto dos dois santos vinhateiros mais venerados na França: São Martinho e sobretudo São Vicente, pois, como diz uma canção da Borgonha:

> Cavaleiro, discípulo, companheiro,
> Baco tem sua devoção,
> Mas para todo vinhateiro
> São Vicente é o patrão.

IV. São Vicente

São Martinho foi o primeiro santo vinhateiro do Ocidente. Protetor dos francos, São Martinho nasce no ano de 317, em Sabaria (Szombathely), ao norte do lago Balaton, na província romana da Panônia (atual Hungria). Filho de um oficial pagão da guarnição, Martinus (o pequeno Marte) estava destinado a servir no exército imperial. Depois de passar uma parte de sua infância na cidade italiana de Pávia, Martinho entra aos quinze anos no exército romano e, três anos depois, é enviado para a guarnição de Amiens. É nessa cidade da Picardia que aconteceria, em 334, o famoso episódio da partilha do manto: Martinho, num dia de grande frio, teria cortado seu manto em dois para vestir um mendigo. A santa cena inspirará o italiano Giotto, o espanhol de origem grega chamado El Greco e o mestre vidraceiro da catedral de Mans. Na noite seguinte a seu gesto fraterno, Cristo teria aparecido a Martinho vestido na metade oferecida ao pobre diabo. Depois disso, o generoso doador se teria feito batizar no dia de Páscoa do ano 334.

Em 361, ele funda uma comunidade religiosa em Ligugé, na região de Poitiers, que foi o primeiro monastério da Gália Central. Ordenado sacerdote pelo bispo de Poitiers, o futuro Santo Hilário, ele será nomeado bispo de Tours em 371. Martinho morre aos 81 anos na pequena aldeia de Candes, perto de Chinon (hoje Candes-Saint-Martin), não muito longe de onde nasceria François Rabelais. Conservado em Tours, o manto de São Martinho se tornará a relíquia mais venerada da França. A “capa” serviria de patrono místico à dinastia capetíngia, e a palavra “capela” (do latim vulgar *capella*) designava originalmente o lugar onde era guardada a capa de São Martinho.

Assim que Martinho morreu, a lenda foi se desenvolvendo: alguns contam que o santo homem transformara em vinho puro a água da fonte do monastério de Marmoutier, num ano em que as vinhas estavam estéreis; a crença popular também conta que, durante a passagem fúnebre de seu corpo, em pleno mês de novembro, os campos teriam começado a verdejar, as árvores a florescer e os pássaros a cantar. Desse prodígio nasce a expressão *été de la Saint-Martin*.[46] Nas fábulas populares, o nome de Martinho foi várias vezes atribuído ao asno e ao macaco, depois a certas espécies de pássaros (daí o nome "martinete" e "martim-pescador"). Nas províncias, a festa de São Martinho marcava, nos tempos antigos, o dia de vencimento dos contratos de trabalho para os criados ou aprendizes. Era também em 11 de novembro que os viticultores ofereciam os primeiros frutos de suas colheitas. Nesse dia também se provava o vinho novo. A degustação ainda é chamada de *martinée*, e a abertura de um vinho novo de *martinage*. Quando uma pessoa abusa demais do vinho se diz que ela tem o mal de São Martinho ou que ela está com uma *martinée*. O bispo de Noyon, "o bom Santo Elói", condenaria, no século VII, o mal de São Martinho, que só seria considerado uma doença, chamada *alcoolismo*, em 1849, numa obra escrita por um professor de medicina sueco chamado Magnus Huss, após observações no hospital Serafim, de Estocolmo. A palavra "alcoolismo" seria introduzida na França em 1853 pelo doutor Renaudin.

Se o Vale do Loire foi considerado um verdadeiro vale dos reis, São Martinho foi considerado o padroeiro da França. Sua festa patronal encobre inúmeras festividades pagãs de outono. As cerimônias que marcaram o fim da Primeira Guerra mundial, em 11 de novembro de 1918, hoje ocupam o lugar dos antigos costumes. No entanto, é São Vicente o celebrado pelo viticultores franceses como o santo protetor da vinha e do vinho.

---

46. Literalmente, verão [(da) festa de] São Martinho, período de dias quentes e ensolarados durante o mês de inverno, próximo à festa de São Martinho (11 de novembro). Equivalente ao nosso "veranico de maio". (N.T.)

Sob o reino do imperador romano Diocleciano, no século IV, um novo procônsul de nome Daciano é enviado para a Espanha. Durante uma viagem por Saragoça, ele manda prender o bispo Valério e seu diácono Vicente e ordena que sejam conduzidos a pé até Valência. Devido à sua idade avançada, Valério é poupado e banido, mas Vicente sofre terríveis torturas, soltando seu último suspiro na prisão, em 22 de janeiro de 304. O culto a São Vicente se espalha então para fora da Espanha, principalmente pela França.

Em 531, os reis francos Childeberto I e Clotário I, filho de Clóvis e Clotilde, cercam Saragoça e levam para a França, em 542, a túnica de São Vicente, bem como uma cruz de ouro que teria pertencido ao rei Salomão de Israel, construtor do templo de Jerusalém. As relíquias do diácono mártir são depositadas na basílica de Saint-Vincent-et-de-la-Sainte-Croix (São Vicente e da Santa Cruz), que se torna, em 754, Saint-Vincent-Sainte-Croix. Depois, as santas relíquias foram dispersas para Le Mans, Vitry-le-François, Besançon e Viviers.

A abadia de Saint-Vincent-Sainte-Croix, cujo domínio se estendia mais ou menos pelo território atual dos 6º e 7º *arrondissements*, de Paris, possuía muitos vinhedos na Île-de-France. Os monges encarregados de sua exploração naturalmente se colocaram sob a proteção do santo patrono da abadia. Para alguns, essa é a razão da escolha de São Vicente como "protetor dos viticultores da região parisiense [pois] os primeiros colonos plantadores de vinhas haviam trabalhado sob a dependência da abadia de São Vicente antes de ela se tornar a abadia Saint-Germain-des-Prés"[47], assim chamada para não ser confundida com a igreja Saint-Germain-le-Vieux, na Île de la Cité. Outros dizem que quando os francos venceram os burgúndios, em 534, a influência patronal de São

---

47. Lecotté, R. *Saints protecteurs de la vigne et du vin en France*. Tours: Musée des Vins de Touraine, 1975. p. 418. (N.A.)

Vicente se estendeu da Borgonha a toda a Gália vitícola. Outros ainda se apoiam na anedota segundo a qual o asno de São Vicente, brotando a extremidade dos ramos de uma videira, teria ensinado a todos os viticultores como podar a vinha.[48] Como agradecimento, eles teriam escolhido São Vicente como santo padroeiro. A não ser que se fale em acaso, é difícil negar a coincidência entre a data da festa de São Vicente e as datas importantes para o crescimento da vinha, da poda e das lavouras de inverno. A notoriedade de Vicente na Igreja se deve essencialmente aos sermões que Santo Agostinho fez em honra ao diácono de Saragoça, enquanto trocadilhos garantem sua popularidade.

Vicente estava encarregado, durante o ofício, de levar o vinho ao ofertório, e seu nome se tornou objeto de gozação. Ora seu nome era decomposto em combinações evocando o sagrado (*vin sang*), ora seu patrônimo era tido como sinônimo de abundância (*vin cent*).[49] As variações possíveis em torno da palavra *vin* (vinho) explicam em parte o crédito de São Vicente junto à comunidade viticultora. Mas essa talvez não seja a verdadeira razão para isso.

> A data em que se festeja São Vicente, 22 de janeiro, ocorre num período crucial do ciclo anual, que corresponde mais ou menos ao solstício de inverno e à passagem do estado de latência da vegetação à sua ressurreição.[50]

---

48. Uma lenda da Touraine, do século VII, também credita ao asno de São Martinho a descoberta da poda e a liga à origem da expressão *Tous les ânes s'appellent Martin* (Todos os asnos se chamam Martinho). A lenda diz que essa revelação se deu para os monges de Borgueil. (N.A.)
49. Em francês, *Saint Vincent* (São Vicente) soa da mesma forma que *vin sang* (vinho sangue) e *vin cent* (vinho cem). (N.T.)
50. Royer, C. *Les vignerons, usages et mentalités des pays de vignobles*. Paris: Berger-Levrault, 1980. p. 170. (N.A.)

Constataremos, por outro lado, que, a partir do século XVIII, São Vicente se torna ao mesmo tempo patrono dos viticultores e dos vinagreiros, o que garantiria pelo menos a alegria de uma das corporações.

Apesar da Saint-Vincent Tournante ser na origem apenas uma festa celebrada na intimidade de cada aldeia, a Confraria dos Cavaleiros de Tastevin lhe deu novos ares em 1938, organizando no primeiro sábado seguinte ao 22 de janeiro uma grande manifestação tradicional, inspirando-se nos usos da Ordem da Boisson, criada em 1703 em Villeneuve-lès-Avignon. Todo ano, a Saint-Vincent Tournante acontece em uma das 32 comunas das altas encostas da Borgonha, onde são realizadas uma missa e uma procissão durante a qual a estátua do santo é carregada de modo solene pelas ruas da aldeia pelos Cavaleiros de Tastevin vestidos com as roupas da confraria. Há quase cinquenta anos, cerca de cem mil pessoas se espremem na aldeia borgonhesa escolhida para participar dessa festa ao mesmo tempo profana e religiosa e para comungar no culto de São Vicente.

Antigamente, a Saint-Vincent Tournante era ocasião para se ajudar a família dos viticultores falecidos, e o momento em que se ofereciam ramos aos mortos do ano. Essa espécie de culto aos mortos, unido à degustação do vinho novo e às diversas libações tradicionais, algumas vezes incitou a comparação da Saint-Vincent às Antestérias, que aconteciam na Grécia, todo mês de fevereiro, em homenagem a Dionísio.

É claro que a Saint-Vincent se inicia em fervor religioso, mas depois da missa chega a vez do vinho e dos homens. Come-se e bebe-se em abundância, e a celebração da festa evoca os velhos ritos agrários, pois o grande ciclo natural se impõe, e os santos que aparecem no local correspondente do calendário souberam tirar proveito dele.

Capítulo IV

O vinho e seu consumo

A partir do século IX, a Europa cristã passa a ser identificada como a civilização do vinho. Os vinhedos eclesiásticos é que produzem a bebida apreciada pelos príncipes e grandes do reino. Até o fim do século XVIII, cada região francesa produzia e consomia seu próprio vinho. Os deslocamentos eram difíceis e lentos, e a comercialização a grandes distâncias só era feita com alguns vinhos característicos que possuíam mercados particulares. A estrada de ferro revolucionará essa economia, e, com a ajuda dos efeitos da Lei Jourdan, de 5 de setembro de 1798, sobre o serviço militar obrigatório, o vinho se nacionalizará e se tornará uma bebida para todos os franceses. Apesar de até pouco tempo o vinho ainda ser considerado um alimento (desse ponto de vista, o operário contribuiu muito para o alcoolismo), sua função tradicional aos poucos desaparecerá, até sua condição de bebida nacional se perder completamente.

A história do consumo de vinho é acima de tudo a história de uma relação dialética entre o conteúdo e o continente. Dos tonéis gauleses[51] à invenção, em 26 de fevereiro de 1895, pelo americano Michael J. Owens, da máquina de soprar garrafas, o acondicionamento sempre foi um problema para o "presente de Dionísio". Em suma, é a história vista por meio de uma garrafa de vinho.

---

51. Além do tonel, nossos ancestrais constam na história como os inventores das bragas, isto é, das calças. Esses dois inventos geniais são hoje em dia o fundamento da *gauloiserie*... (N.A.)

I. Uma bebida histórica

Dos imperadores romanos aos imperadores carolíngios, dos reis capetos ao reino dos Bourbon, os monarcas sempre protegeram o vinho e consagraram tal ou tal *cru*.[52] Foi à época do imperador Probus, no início da era cristã, que os romanos plantaram as primeiras vinhas alsacianas, ali onde hoje está Dambach-la-Ville. Em 831, Luís, o Piedoso, confirma o privilégio concedido por seu pai, Carlos Magno, à cidade de Estrasburgo, permitindo assim que esta fizesse o comércio dos vinhos em todo o império carolíngio. A partir do século XIII, o clero local, conduzido por bispos saídos em sua maioria de ricas famílias galo-romanas, desenvolve a cultura da vinha com uma preocupação pela qualidade que fazia dos vinhos da Alsácia os melhores da Europa. Esse cuidado se manteve ao longo da história, apesar dos longos eclipses provocados pelas convulsões políticas atravessadas por essa região que Voltaire chamava de "Jardim da França".

Do ano 1000 à morte de Carlos, o Temerário, em 5 de janeiro de 1477, foi a saga dos grandes duques de Valois que fez a glória da Borgonha. Filipe, o Bravo, João Sem Medo e Filipe, o Bom, agiram para proteger uma viticultura de qualidade, e foi o grande chanceler de Filipe, o Bravo, Nicolas Rolin, quem construiu os famosos Asilos de Beaune. Carlos, o Temerário, filho de Filipe, o Bom, continuou a obra de seu pai, apesar de uma grande sobriedade que o fazia beber apenas água avermelhada... Logo o vinho da Borgonha se tornou famoso para além das fronteiras do antigo reinado dos duques do Ocidente. Graças a uma política de qualidade rigorosa que levou Filipe, o Bravo, em 31 de julho de 1395, a ordenar o extirpamento da "muito desleal planta chamada gaamez (isto é, da cepa *gamay*), que crescia em abundância e fazia um

52. O *cru* é o vinho produzido por uma região específica e delimitada. (N.T.)

vinho muito ruim". Graças também às feiras de vinhos, sendo que a mais antiga é a de Mâcon, criada por édito real em 1340. Graças, por fim, à audácia comercial dos borgonheses, que não hesitavam em fazer longas viagens para abrir novos mercados. Foram também os viticultores borgonheses que descobriram, no século XVIII, procurando tornar mais inebriante os vinhos destinados à sua clientela inglesa, a influência benéfica do envelhecimento em adega e portanto os efeitos da longa guarda.

O vinhedo de Gaillac é tanto um dos mais antigos da França como o pai do vinhedo bordelês. Antes de servirem de vinhos medicinais aos viticultores de Bordeaux, os *crus* de Gaillac já eram apreciados, no século XIII, por Henrique III da Inglaterra e figuravam entre os preferidos de Francisco I da França, que mandou buscar nessa região cepas e vinhedos para sua própria vinha em Fontainebleau. O Cahors também sofreu com o poder da capital da Aquitânia, pois os Bordeaux conseguiram, no século XIII, que sua venda fosse proibida na região antes do Natal. Somente em 1776 Luís XVI abolirá esse privilégio.

Desdenhado pelos comerciantes, o Cahors sempre foi o preferido do clero. Talvez porque Jacques Duèse, nascido em 1245, em Cahors, tenha subido ao trono pontifical de Avignon sob o nome de João XXII, ou porque esse vinho sempre foi, dizem, o vinho do Vaticano. Vinho dos pontífices, o Cahors é também o vinho dos papas ortodoxos desde que Pedro, o Grande, sofrendo de uma dolorosa úlcera estomacal, elogiou seus benefícios. Das tentativas do tsar para adaptar seu "medicamento" cadurcense na Crimeia, resta em nossos dias um estranho e raro "Cahors russo".

Vinho da Idade Média, o Madiran deve seu sucesso à importante rede fluvial que permitia seu transporte até Bayonne e, dali, até a Inglaterra, os Países Baixos ou a Rússia. Hoje, apesar de um pouco mais conhecido do que o Pacherenc du Vic-Bilh (vinho das vinhas com varas, em occitano), é menos conhecido do que o Jurançon, vinho do batismo de Henrique IV. Hoje em dia, é um vinho branco seco, o "xixi do rei", mas antigamente era licoroso como o Monbazillac. O Irouléguy do País Basco tem a fama de "fazer dançar as moças"; no mercado nacional francês, é tão raro quanto o Tursan, vinho de areia de Aire-sur-l'Adour, ou quanto os últimos vinhos do Béarn. Esses vinhos não têm, claro, relação nenhuma com os Bergerac, os Buzet, os Côtes de Duras ou os Côtes du Frontonnais que hábeis profissionais tornaram conhecidos em toda a França. Justa reparação da história, se lembrarmos que os Bordeaux, invejosos de seus concorrentes Bergerac, haviam obtido da justiça que estes viajassem em barricas menores do que as suas. O pretexto era evitar confusões (o que não deixa de ser um elogio), porque os impostos incidiam sobre barricas, fosse qual fosse seu conteúdo.

A reputação dos vinhos franceses cedo chegou ao exterior. O Bordelais e, consequentemente, os vinhos de Bordeaux viajaram à Inglaterra para o casamento, em 18 de maio de 1152, em Poitiers, de Leonor de Aquitânia (divorciada do rei da França Luís VII) com Henrique II Plantageneta. Rei da Inglaterra, duque da Normandia e conde de Anjou, Henrique II Plantageneta lança além-Mancha, definitivamente, a moda e o gosto pelo vinho francês. Durante cerca de três séculos, Bordeaux consolidou sua notoriedade a ponto de ser considerada, na Idade Média, a capital vinícola do mundo civilizado. Para seu consumo, os ingleses armaram uma verdadeira frota do vinho, que o cronista Froissart avalia, em 1373, em trezentos navios. Beber como um inglês, se dizia na época. A coroação de Eduardo II, no ano de 1308, por exemplo, foi ocasião para os negociantes bordeleses fornecerem mais de mil barricas de vinho. Como a produção não era suficiente, os negociantes recorreram a vinhos da região alta: vinhos de Gaillac, de Cahors, de Bergerac, de Moissac, de Toulouse e do Agenais. De fraca coloração, esses vinhos do sudoeste eram chamados de *claret*[53] (*french claret*, para os ingleses) devido à sua limpidez. Esse termo sobrevive até hoje... como sobrevive o costume de utilizar os vinhos da região alta quando a colheita bordelesa é incapaz de satisfazer a demanda.

Os vinhos de Anjou também tiveram grande renome a partir do século XIII, e seus clientes privilegiados foram os ingleses, os belgas e sobretudo os holandeses, a ponto de Luís XVI mandar canalizar o pequeno rio Layon para que os navios mercantes holandeses da Companhia das Índias pudessem embarcar *in loco* as suas produções. No comércio interno, os vinhos de Anjou eram transportados em barcas que subiam o Loire até feitorias estabelecidas em Saint-Georges-sur-Loire, em Rochefort-sur-Loire e em Ponts-de-Cé.

Os vinhos parisienses também foram excelentes embaixadores da viticultura francesa. A cultura da vinha em Paris e região remonta ao início da era cristã. Em 873, Carlos II, o Calvo, doava o *cru* da cidade de Rueil à abadia de Saint-Denis (a Feira de Saint-Denis foi criada durante o reinado do "bom rei Dagoberto", no século VII); em 918, Carlos III, o Simples, oferecia o vinhedo de Suresnes à abadia de Saint-Germain-des-Prés; em 1003, Roberto II, o Piedoso, cedia o *cru* de Argenteuil aos monges de Saint-Denis. A partir do século XI, bairros inteiros da atual Paris eram plantados de videiras: Belleville, Chatillon, Clamart, Clignancourt, Fontenay, Issy, Meudon, Montmartre, Vanves... Esses exemplos comprovam a existência precoce de um vinhedo importante na história francesa.

Importante em quantidade, mas também em qualidade, graças à utilização de cepas como *morillon* (*pinot noir*) ou *fromenteau* (*pinot gris*). Paris é capaz de produzir bons vinhos, pois sua latitude é semelhante à da Cham-

---

53. Segundo a fórmula medieval, o *claret* era um vinho de consumo corrente "bom, puro, claro, novo e comercial". (N.A.)

pagne ou do Orléanais, e seu microclima intramuros se assemelha ao do Vale do Loire. Além disso, os inúmeros meandros do Sena multiplicam as exposições favoráveis, enquanto as encostas calcárias que abundam na região convêm com perfeição à cultura da vinha.

Antigamente, o vinho era assunto do rei, dos nobres, dos ricos burgueses e dos eclesiásticos, depois que o Concílio de Aix-la-Chapelle, em 816, incentivou as viticulturas canônicas, episcopais e monásticas. O vinho necessário à missa também precisava, segundo a Igreja, ser uma moeda de troca, um elemento de poder econômico e um meio de honrar os grandes. Consumidos por privilegiados, os vinhos da Île-de-France (na Idade Média, se falava nos vinhos da França ou nos vinhos franceses, em contraponto aos vinhos da Borgonha e da Gasconha) eram exportados para a Inglaterra e para Holanda por via fluvial, para Flandres e a Picardia por via terrestre, enquanto os vinhos de Orléans, da Baixa-Borgonha e da Champagne transitavam por Paris e em particular pela Place de Grève.

A Place de Grève (que se chamará Place de l'Hôtel de Ville, em 1803) era conhecida por esse nome desde 1141. Ela foi por séculos um porto ideal para receber víveres e produtos necessários à vida na cidade. Vinhos, pedras, madeira e carvão aportavam vindos de Montereau, rio acima, de Mantes, rio abaixo, controlados pelas guildas dos mercadores da água, longínquos descendentes dos navegadores de Lutécia. A Place de Grève era um ponto de encontro dos operários em busca de trabalho. Foi assim que nasceu a expressão "fazer greve", que com o passar do tempo adquiriu um sentido diverso.

O comércio dos vinhos dá origem a todo um grupo de transportadores, barqueiros, condutores de canoas e jangadas, que mantinham relações com os negociantes estabelecidos na capital ou nos limites das barreiras de impostos. Essa atividade mercante assegurava uma verdadeira prosperidade às regiões vitícolas fornecedoras dos consumidores parisienses.

O crescimento demográfico de Paris (75 mil habitantes em 1292, 450 mil em 1702, 650 mil em 1770, 750 mil em 1787 e 875 mil em 1826), aliado à pauperização das populações da província, teve como consequência um aumento do alcoolismo no povo e uma degradação dos vinhedos parisienses, utilizados para produzir em grande quantidade.

Em 14 de agosto de 1577, o Parlamento de Paris decreta a "regra das vinte léguas". Nos termos desse decreto, era proibido aos mercadores de vinho profissionais, donos de tabernas e cabarés que exerciam suas profissões em Paris, se abastecerem a menos de vinte léguas (88 km) da capital. Esse direito ficava reservado aos burgueses proprietários das vinhas.

Tal medida não consegue deter a progressão do alcoolismo na população. A criação de um perímetro fiscal ao redor de Paris tem como consequência a criação das famosas *guinguettes*, localizadas do lado de fora dessas barreiras. A palavra *guinguette* talvez tenha vindo de *guinguet*, que, no vocabulário popular do século XVI, designava um vinho ligeiramente ácido, de difícil conservação e que fazia *guinguer* (dizer besteiras). Localizadas fora do perímetro fiscal, as *guinguettes* vendiam seus vinhos com isenção de impostos. Como os impostos eram fixos e não variavam dependendo da qualidade, os burgueses de Paris preferiam tomar um bom vinho, que não era mais taxado do que um vinho ordinário, e, assim, deixavam o ruim aos frequentadores das *guinguettes*. *Guinguettes* onde também se comia, principalmente um bom vitelo, um excelente fricassê de coelho ao vinho branco, e ganso refogado ou assado.

A fraude às barreiras de entrada em Paris acontecia sob o nariz dos *gabelous* parisienses. Eles eram, originalmente, representantes da *gabelle* (imposto indireto sobre o sal), depois, por extensão de sentido, empregados da administração de impostos, e mais tarde aduaneiros. (Os *gabelous* foram apelidados pelos viticultores de *rats-de-cave* [ratos de adega] por causa dos pavios de cera que utilizavam para visitar as adegas e que pareciam rabos de rato...) Os fraudadores das barreiras eram na época tão numerosos que os financistas, preocupados com o contrabando, conseguiram de Calonne, controlador-geral das finanças de Luís XVI, em 1783, que fortificações fossem erguidas em torno da capital para dificultar o trabalho dos traficantes – sobretudo dos delinquentes de "colarinho vermelho". Retomando a célebre e anônima máxima, que fez sucesso em 1785:

> O muro que mura Paris torna Paris murmurante.

A ampliação do "muro", isto é, do perímetro fiscal, alimenta o "murmúrio" e a cólera dos taberneiros e dos consumidores de vinho. Os bairros suburbanos passam para dentro de Paris e são submetidos aos mesmos impostos sobre o vinho. A cólera é grande contra a Fazenda Geral, que manda construir a nova barreira aduaneira, com grandes despesas.

De 11 a 13 de julho de 1789, motins são organizados por taberneiros ou mercadores de vinho das paróquias de Charonne, Belleville e Montmartre. Os rebeldes avançam em direção às barreiras tarifárias ao redor de Paris, que os fazem beber vinho a um preço mais elevado do que do lado de fora. Os revoltosos da sede pilham os gabinetes do fisco e incendeiam guaritas. O revolucionário 14 de julho de 1789 foi provocado pela sede de alguns parisienses. (Nessa data, sete pessoas estavam presas na Bastilha: quatro vigaristas que tinham falsificado uma letra de câmbio: Jean Bechade, Bernard Laroche, Jean La Corrège e Jean-Antoine Pujade; dois loucos que logo são enviados ao asilo de Charenton: Tavernier e o conde de Whyte de

Malleville; e o conde de Solages, preso por incesto.) Antes de incendiar o magnífico exemplar de arquitetura militar do século XIV, os promotores da linha Bastilha-República haviam queimado algumas barreiras aduaneiras que impediam a entrada dos comboios de vinho em Paris. O saque e o incêndio dos perímetros fiscais eram dirigidos por grandes contrabandistas que respondiam pelos nomes de Monnier e Cardon.

Durante essa mesma Revolução, o bando dos *sans-culottes* gostava de entoar a "Marselhesa do bebum", um "canto de guerra do exército do vinho" publicado em *La Feuille du matin* em 25 de novembro de 1792:

> Allons, enfants de La Courtille,
> Le jour de boire est arrivé,
> C'est pour nous que le boudin grille
> C'est pour nous qu'on l'a préparé. (bis)
> Ne sent-on pas dans la cuisine
> Rôtir et dindons et gigots;
> Ma foi, nous serions bien nigauds,
> Si nous leur faisions triste mine.
> A table, citoyens, videz tous les flacons;
> Buvez, buvez, qu'un vin bien pur abreuve vos poumons.[54]

O bairro *La Courtille* (antiga palavra francesa que designa um pátio interno ou jardim campestre) abrigava várias *guinguettes* onde aconteciam quase todos os banquetes de casamento da pequena burguesia, dos pequenos comerciantes e dos operários dos bairros da capital próximos à barreira de Belleville. Parte da aldeia de Poitronvil-

54. Avante, filhos de La Courtille / O dia de beber chegou / É por nós que a morcilha grelha / É para nós que foi preparada / Sentimos da cozinha / Assar perus e pernis / De fato seríamos bem tolos / Se lhes fizéssemos cara feia. /À mesa, cidadãos, esvaziem todas as garrafas; / Bebei, bebei, que um vinho bem puro mata a sede de vossos pulmões. (N.T.)

le, a comuna de Belleville seria anexada a Paris em 1860. O vinho das *guinguettes* ganha uma ilustração especial em 1755, no poema *La Pipe cassée*, de Jean-Joseph Vadé:

> Voir Paris, sans voir La Courtille,
> Où le peuple joyeux fourmille,
> Sans fréquenter les Porcherons,
> Le rendez-vous des bons lurons,
> C'est voir Rome, sans voir le Pape...[55]

Nessa segunda metade do século XVIII, fortunas serão construídas em torno da venda do vinho a 3 tostões e da pinta a 6 denários (1 pinta = 93 centilitros), sendo uma delas a do famoso Jean Ramponeau. (Como Ramponeau era obeso, seu nome foi usado para designar a estatueta cheia de chumbo que sempre fica em pé e que pode ser surrada à vontade. *Rampon(n)eau*, portanto, passou a designar uma pancada, um golpe violento.) Ramponeau tinha uma grande *guinguette* (12 ares incluindo os jardins [1 are = 100 m^2]) chamada Tambour-Royal, na Rue de l'Orillon, em Belleville. Ele vendia seu vinhozinho branco por 1 tostão a menos do que a pinta das *guinguettes* concorrentes, o que lhe garantia uma tal freguesia que sempre havia tantos clientes esperando do lado de fora para entrar quanto dentro, apesar do tamanho do estabelecimento. Esse mesmo vinho era vendido em Paris por 12 a 15 tostões a pinta.

Paris tinha, em 1826, uma população de cerca de 875 mil habitantes. Os parisienses beberam, nesse mesmo ano, 976 mil hectolitros de vinho pela quantia de 68.327.000 francos, o que equivale a uma despesa anual de 77,70 francos por habitante. A isso é preciso acrescentar 12,78 francos gastos com o consumo de aguardentes,

55. Ver Paris sem ver La Courtille / Onde o povo alegre fervilha / Sem frequentar os Porcherons / O lugar dos brincalhões / É ver Roma sem ver o papa... (N.T.)

6,27 francos com cerveja e 0,32 francos com sidra, ou seja, um total de 96,57 francos, equivalentes a uma despesa diária de 0,26 francos de álcool por indivíduo, o que equivale ao preço de 200 gramas de vitela, a carne mais cara na época. (A título de comparação, em 1826 se comeram em Paris 51.310.000 francos de pão, o que equivale a uma despesa média individual de 58,64 francos por cerca de 500 gramas de pão por dia.)

Contava-se na Paris dessa época não menos do que 2.333 comerciantes de vinho no varejo, contra 1.466 donos de mercearias, 1.767 de fruteiras, 560 padeiros e 355 açougueiros. E isso que o recenseamento dos comerciantes de vinho não leva em conta os donos de tabernas, bares e restaurantes, nem os compradores e vendedores de vinhos, num total de 1.714 comerciantes. O montante dos gastos passa uma imagem extraordinária do que podia ser a sociedade urbana do século XIX. Os romances naturalistas, em especial *L'Assommoir*, de Émile Zola, se dedicarão a descrever essa sociedade alcoólica. A palavra *assommoir* figurava na placa de um estabelecimento de bebidas próximo a Belleville. Logo foram chamados de *assommoirs* todos os bistrôs parisienses cuja qualidade das bebidas servidas logo deixava as pessoas tontas. Esse tipo de estabelecimento parece ter desaparecido por completo. De *assommoir*, hoje em dia, apenas o preço do vinho.

O vinho de Paris e de sua região (um "miserável vinhozinho", como era chamado) era de fraca coloração, necessariamente branco ou *clairet* (do latim *clarus*, "claro, límpido"), isto é, de um vermelho suave. Mas para abastecer as *guinguettes* populares, serão produzidos vinhos tintos muito vivos, capazes de admitir a mistura de água, e inclusive será trazido de Alicante, na Espanha, o ignóbil "tintureiro", para matar a sede das massas trabalhadoras com um "rascante tinto que mancha". (Essa expressão dataria do início do século XIX e seria referente ao costume dos vendedores de nem mesmo provar os vinhos, apenas jogá-los contra um muro branco e ficar com aqueles que formavam a mancha mais forte.)

O ano de 1709 foi o do "grande inverno", que destruiu quase todo o vinhedo setentrional. Durante esse período, os comerciantes parisienses descobriram os vinhos do sul, cujas vinhas haviam sido poupadas. Com o desenvolvimento das estradas de ferro no século XIX, tais vinhos podem concorrer e logo vencer os produtores de Yonne (com exceção de Chablis), os vinhedos parisienses, de Orléans e até mesmo da Champagne, inclusive Château-Thierry.

No início do século XX, o vinhedo da região parisiense ocupava menos de dez mil hectares, caindo para mil em 1920 e 250 em 1934. Hoje restam apenas algumas dezenas de hectares de vinhas, quase todas municipais. Mas os jardins alongados das construções da Île-de-France ainda sugerem o desenho das antigas fileiras de cepas, e Paris ainda conserva vestígios de seu passado vitícola.

Existem, por exemplo, ruas parisienses com nomes como Clos Bruneau (no 5º *arrondissement*), Clos Feuquières (15º), Clos-Lamotte (19º), Cité-des-Clos (20º), e ainda Rue Vignon (8º e 9º) e Rue e Impasse des Vignoles (20º). Também encontramos uma Rue de la Goutte-d'Or (18º), cujo nome prestigioso lembra ao passante que essa via modesta foi aberta em 1842 costeando um vinhedo cujo vinho fora outrora sagrado "rei dos vinhos". No 18º *arrondissement* existe a Rue des Epinettes, e no 16º ficam a Rue des Vignes e a Rue Vineuse, perto das quais se esconde, nas antigas adegas dos monges da abadia de Passy, o Museu do Vinho de Paris... na Rue des Eaux.

Há outras vinhas em Paris, como as que ficam, desde 1992, na parte mais escarpada do novo Parc de Belleville, no 20º *arrondissement*, no Clos des Envierges (a superfície do vinhedo de Belleville é de 250 m² e possui 140 pés de vinhas de *pinot meunier* e *chardonnay*), ou ainda as do Parc de Bercy, no Clos de Bercy (plantado em

1996 sobre 660 m^2 com 350 pés de *sauvignon* e *chardonnay*). Mas esses vinhedos não são objetos de um consumo significativo ou de uma comercialização notável (a colheita é de 2 a 3 quilos por pé no vinhedo de Belleville, e o Clos de Bercy produz uma média de 25 litros por ano). O certo é que alguns viticultores tão corajosos quanto talentosos entenderam que a viticultura setentrional vale mais por sua qualidade, conforme demonstrado pelos vinhos da Champagne. Existe, porém, um obstáculo importante: o preço dos terrenos na capital não permite a preservação das vinhas municipais. Em Paris, a doença do concreto é a doença da vinha.

II. Da ânfora à garrafa

Uma lenda da Ática conta que o pai da cerâmica, Céramo, nasceu dos amores de Dionísio e Ariadne. É portanto natural que os gregos associem o deus do vinhos às cerâmicas que continham a bebida divina. As ânforas, utilizadas pelos viticultores gregos desde o século VII a.C., assumiam formas variadas mas sempre tinham duas asas verticais (daí o nome do recipiente com duas asas: *amphoreus*). Mas quando era preciso completar o trajeto marítimo com um percurso terrestre, o conteúdo das ânforas era passado para odres de pele de cabra impermeabilizados por dentro com uma camada de resina de pinheiro – esse costume existe até hoje na Grécia, onde ainda se prepara o vinho resinado. O homem grego não consumia vinho ao natural mas o tomava bastante misturado com água fria ou quente. Os vinhos eram bebidos durante o simpósio e, claro, durante as festas em honra a Dionísio, bem como em todas as celebrações religiosas. Foram os gregos que transmitiram aos romanos a maneira de conservar o vinho por longo tempo. Homero escreve na *Odisseia*, por exemplo, que o rei de Pilos, Nestor, bebia um vinho de onze anos.

Características mais ou menos idênticas são encontradas na sociedade romana, na qual o vinho foi associado, desde o início, aos ritos e usos religiosos. Em geral, os vinhos comuns eram bebidos ao longo do ano, enquanto os *grands crus* romanos (Cécube, Falerno, Massique etc.) eram quase sempre velhos vinhos brancos muito doces. Muito doces porque as uvas eram colhidas tardiamente (às vezes até mesmo em novembro, segundo o poeta Marcial). Vinhos velhos porque ficavam primeiro um ano ou dois em *dolia* com capacidade de 500 a 2.000 litros, antes de serem transferidos para ânforas de 26 litros, onde envelheciam por cerca de vinte anos. Cada ânfora possuía uma etiqueta (*pittacium*) com a origem e a idade do vinho.

O poeta Horácio fala em remover o lacre de ânforas de quarenta a sessenta anos, e Plínio, o Velho, fala de um vinho de duzentos anos colhido durante o consulado de Lucius Opimius (*vinum opimianum*), algo como o "vinho do cometa" para os franceses[56], mas que segundo o naturalista latino perdera todos os seus atrativos e estava reduzido a uma espécie de mel amargo. Como os gregos, os romanos bebiam vinho misturado com água e absinto, mel, murta, nardo, pez ou resina. Todas as classes sociais bebiam vinho, mas uma segunda qualidade era reservada aos escravos, que recebiam uma simples mistura de água e vinagre (um pouco como a *posca* do legionário romano). O vinho era bebido durante as refeições, raramente fora delas, e ao longo da *comissatio* (banquete).

Enquanto os romanos introduziram suas ferramentas e suas técnicas vitícolas, foram os gauleses que, sob o reinado do imperador Marco Aurélio (161-180), substituíram por tonéis de madeira os tradicionais odres de couro e as ânforas de terra cozida. Mas apenas na época de Augusto, ou seja, a partir de 63 a.C., é que o uso de tonéis de

56. O ano do consulado de Opimius, 121 a.C., foi uma das datas mais famosas da história do vinho, ao lado de 1630 e 1811, "anos do cometa". (N.A.)

tábuas de carvalho com aros (*cupa*) se generalizou na viticultura. Os tonéis pouco evoluíram desde sua criação.[57] De forma arredondada, para facilitar o transporte rolando pelo chão, são fabricados em madeira de carvalho, o que dá ao vinho tanto seu tanino quanto seu buquê.[58] Sua capacidade foi fixada pela lei de 13 de junho de 1866: 212 litros, no mínimo, para o tonel de Mâcon, 225 litros para a barrica de Bordeaux e 228 litros para a peça de Beaune.

Em forma de pequeno tonel de vidro com uma asa em ângulo reto, o barrilete frontiniano é muito conhecido na Gália romana a partir do século II. Segundo Plínio, o Velho, a invenção do vidro teria ocorrido por acaso. Em sua *História natural*, o autor conta que cerca de dezesseis séculos antes da era cristã três marinheiros egípcios utilizaram, numa praia, dois blocos de natrão (carbonato de sódio hidratado). Ao esquentarem seu caldeirão, o calor se combinara à areia branca da praia, originando por acaso o vidro. Na época de Júlio César, a indústria do vidro se desenvolve consideravelmente. No entanto, o vidro só é utilizado como recipiente, em todas as cores e formas (cacho de uva, espiga de trigo ou rosto de Baco) a partir do século I. O bastão do vidraceiro, que permite a obtenção do vidro assoprado, está na origem dessa revolução do consumo, permitindo uma fabricação mais fácil, rápida e barata.

---

57. As adegas californianas representam atualmente o maior importador de barris de carvalho franceses. Os produtores de vinho de Napa Valley ou de Sonoma Valley utilizam principalmente a barrica bordelesa de 225 litros. As exportações francesas com destino aos Estados Unidos foram de 76.800 barris em 1990 e de 80.440 em 1991. (N.A.)

58. O tanino é uma substância presente nos vinhos tintos (e também na madeira dos barris); caracteriza-se por sua adstringência, que, com o tempo, "arredonda" ou atenua. O buquê é o perfume do vinho, seu aroma, adquirido depois de envelhecido e engarrafado. (N.E.)

Apesar de os gauleses também conhecerem o vinho a partir do século I, recentes escavações arqueológicas indicam que eles utilizavam copos de cerâmica de paredes finas, muitas vezes decorados e com inscrições, e às vezes inclusive copos de prata.

O uso do vidro se generaliza no século XII: vidro com pé, frágil e elegante, para os consumidores ricos; e vidro-copo, de aspecto mais rústico mas com maior capacidade de conteúdo. No século XIV, o vidro para beber assume uma forma esguia. O recipiente, largo e canelado, é suportado por uma haste alta e muito fina, sobre um pé de base larga. As paredes do vidro para beber são finas ao extremo. Essa característica se manterá até o século XVIII, quando desaparecerá quase que por completo.

No século XV, em geral, se usa à mesa o copo ápode (sem pé), "vidro de pequenas dimensões, de forma cilíndrica ou ligeiramente troncônico (em forma de tronco de cone). A passagem do tipo de copo do século XIV a este parece se dar de forma bastante rápida. Esses novos copos ápodes parecem resultar da última forma do recipiente dos copos com haste do século XIV, cujo suporte é suprimido".[59] O século XVI conhece o surgimento de copos de vidro com formatos diferentes. Eles podiam ter pés troncônicos ou cônicos, paredes lisas ou com filetes, ou ainda, sob a influência italiana, apresentar decorações moldadas ou esmaltadas. Ao lado de uma produção vidraceira que aos poucos se padroniza, a busca dos artesãos se volta para a utilização de matérias preciosas como a prata e a prata banhada a ouro.

A apresentação dos copos de vidro é influenciada no século XVIII por uma moda vinda da Boêmia. Viam-se nas mesas francesas pequenos copos de vidro com paredes espessas e suportes altos e pesados. A seu lado, começam a

---

59. Barrera, J. *Le verre, les Français et la table*. Paris: Editions de la Réunion des Musées Nationaux, 1985. p. 298. (N.A.)

surgir jogos de mesa com formas abertas, como as copas, cálices e taças, que também serviam para beber vinho.

As garrafas de vidro só serão utilizadas, na França, a partir do século XV. Esses delgados recipientes de vidro chegarão junto com a moda italiana da Renascença, quando serão a princípio protegidos por um revestimento de vime e utilizados sobre as mesas com fins puramente decorativos. O século XVII conhece o surgimento das primeiras fábricas de garrafas de vidro. Em 1723, Bordeaux se verá inclusive dotada de uma grande fábrica industrial, o que logo levará à determinação de regras de engarrafamento, princípios logo adotados por todos os viticultores. As primeiras garrafas, que tinham antes a forma de uma cebola, se afinaram e se alongaram pouco a pouco para evoluir em direção ao tipo clássico da "garrafa Bourgogne".

Mas será preciso esperar até o início do século XIX para ver as regiões francesas começarem a personalizar suas garrafas, e até 13 de junho de 1866 para que a legislação determine seus volumes: 75 centilitros para a garrafa de Bordeaux, 80 centilitros para a de Bourgogne, de Mâcon ou a de Champagne.[60]

A classificação qualitativa também será aplicada no século XIX, na Borgonha, por iniciativa do Comitê de Agricultura de Beaune, para as chamadas regiões da Côte de Beaune e da Côte de Nuits; na Champagne, onde haverá uma escala dos *crus*; e principalmente em Bordeaux, onde uma classificação baseada na noção de *château* foi determinada, em 1855, a pedido da Câmara de Comércio

---

60. O artigo 317 do Código do Vinho francês prevê, para a venda dos vinhos, os tipos e a capacidade das garrafas de acordo com o decreto de 15 de fevereiro de 1930: *double litre*, com uma capacidade mínima de 200 cl; *litre*: 100 cl; *demi-litre*: 50 cl; *Saint-Galmier*: 90 cl; *Anjou*: 75 cl; *demi-Anjou*: 37,5 cl; *fillette d'Anjou* ou *de Touraine*: 35 cl; *vin du Rhin*: 72 cl. (N.A.)

dessa cidade ante a perspectiva da Exposição Universal que ocorreu no mesmo ano em Paris.

A primeira classificação data de 1647 e foi obra dos magistrados de Bordeaux. A segunda classificação, "por ordem de mérito", será realizada por iniciativa do duque de Morny pelo Sindicato dos Representantes de Vinhos da Gironda. Baseados na qualidade dos solos e no preço dos tonéis, esses representantes determinaram até os dias de hoje uma hierarquia para os vinhos de Bordeaux. Nessa classificação qualitativa, esqueceram de mencionar algumas denominações como Pomerol e Saint-Émilion, e classificaram Mouton-Rothschild em segundo, que adotou então a célebre divisa: "*Premier ne suis. Second ne daigne. Mouton suis*".[61] O ano de 1911 marcará os limites da região vitícola; 1936, o das primeiras denominações de origem controlada; 1953 verá a classificação dos solos pedregosos; anos de 1955, 1958 e 1959, a classificação dos Saint-Émilion; enquanto a incorporação do Château Mouton-Rothschild aos *premiers crus* é, por fim, realizada em 1973.

Essas hierarquias vinícolas de autoridades profissionais, portanto "puramente privadas [e] desprovidas de valores jurídicos"[62], foram no entanto reconhecidas pelo artigo 284 do Código do Vinho, que autoriza a utilização nos rótulos das palavras *cru classé* "quando se trata de vinho de Bordeaux proveniente de terras vitícolas que figurem na classificação de 1855". Cento e dezenove anos mais tarde, a consagração comunitária é modificada pelo regulamento nº 2133/74, de 8 de agosto de 1974, que prevê que os vinhos de qualidade produzidos em regiões determinadas (VQPRD) – ou seja, para os franceses os vinhos de denominações de origem controlada (DOC) e os

61. Em português, algo como "Primeiro, não posso ser. Segundo, não serei. Mouton sou." (N.T.)

62. Sentença da Corte de Cassação de 13 de junho de 1870. (N.A.)

vinhos delimitados de qualidade superior (VDQS) – podem conter em seus rótulos "uma distinção atribuída por uma organização oficial ou uma organização oficialmente reconhecida com esse intuito, à condição de que a distinção possa ser provada por um documento adequado". Por fim, o regulamento de nº 1608/76, de 4 de junho de 1976, permite a utilização nos rótulos das menções "*cru classé, 1er cru classé, 2e cru classé, grand cru classé, 1er grand cru classé*".

III. O continente e o conteúdo

A exemplo dos gregos e dos romanos, a Idade Média sempre consumiu vinhos misturados com água. Mencionada por Antoine Furetière, que escreve em 1690 em seu *Dicionário universal* que "apenas os bêbados não temperam seu vinho", essa técnica chamada *coupage* será praticada na França (principalmente nas províncias) até o século XX. Assim como os antigos enriqueciam suas misturas com inúmeras essências, o consumidor da Idade Média acrescentava ervas, especiarias, pez, mel ou resina e, como seus ilustres predecessores, gostava do vinho quente – cuja temperatura ideal era alcançada com uma lâmina de ferro incandescente. Mas o consumo era sempre de classes proprietárias que exploravam suas próprias vinhas. Os camponeses precisavam se contentar com a *piquette*[63], sendo que os mais desprovidos só tinham como beber vinho durante as festas.

O comércio vinícola se beneficia, no século XVII, da técnica de esterilização das barricas e da sulfuração

---

63. Bebida de baixa conservação obtida "pela fermentação do bagaço de uvas frescas com água e açúcar" (artigo 126 do Código do Vinho). A palavra *piquette* assume o significado de "vinho ruim". Na linguagem jurídica atual, a *piquette* não pode ser considerada um vinho ruim, porque não é nem mesmo vinho por definição. (N.A.)

dos tonéis (o chamado sistema dos fósforos holandeses – a *dutch match*), isto é, a utilização do gás sulfuroso, asséptico, eliminador de bactérias, para interromper a fermentação durante o transporte, bem como das técnicas da colagem ou do uso da clara de ovo batida em neve, que permite clarificar os vinhos e melhor transportá-los. Antes do pleno desenvolvimento de uma rede nacional de vias férreas a partir da Carta Ferroviária assinada pelo Estado em 1842, que leva à especialização regional (criação da Companhia da Estrada de Ferro Sul-Oeste, em 1855, e a de Paris a Lyon e ao Mediterrâneo, ou PLM, em 1857), e da invenção do vagão-tanque (amplo reservatório de madeira que podia transportar sobre trilhos cerca de 80 hectalitros), em 1895, os únicos meios de comunicação possíveis para as mercadorias eram as vias marítimas e fluviais. Apenas alguns vinhos de excelente qualidade e de renome podiam enfrentar as longas viagens e seus custos.

Durante todo o século XVIII, quase não existiu um mercado de vinhos em nível nacional na França. Mas existia um mercado: o do álcool. De origem grega (*ambix*) e depois árabe (*al ambic* e *al kohol*), a fabricação da aguardente fora desenvolvida no século XIII, na Universidade de Montpellier, por um médico e alquimista[64] catalão, Arnau Vilanova, chamado Arnaud Villeneuve (1238-1314). Dois séculos depois, o álcool vínico competia com alcoóis extraídos de cereais fermentados. A *uisge beatha* (água-benta), por exemplo, bebida de origem gaélica, era obtida através da destilação da cerveja de cevada. No plano semântico, ela surge em francês com o nome de *eau-de-vie*, *akvavit* em dinamarquês, *usquehaugh* em erse (dialeto céltico das Highlands da Escócia e da Irlanda) e *uisge beatha* em gaélico. Aos poucos, *ooska* foi virando

---

64. Alquimia vem de *al kimya*, palavra árabe que designa a ciência da destilação que estava na base da arte de fazer perfumes. (N.A.)

ooskie nas línguas anglo-saxãs, e o *whiskey* da Irlanda (*Irish Whiskey*) se torna, depois da invasão desse país no século XII pelos soldados do rei Henrique II Plantageneta, o *whisky* da Inglaterra, e sobretudo da Escócia (*Scotch Whisky*).

No início do século XVII, o mercado vinícola será beneficiado pela invenção do *brandvin* (*brandwijns*, vinhos queimados) pelos holandeses (chamados de flamengos), que dará segurança aos viticultores para a conservação de seus vinhos em caso de colheita excessiva e tornará possível o comércio dos produtos de qualidade medíocre, que não podiam ser consumidos em sua forma primeira por falta de mercado. Mas Edouard Adam é quem será considerado o criador da destilação moderna com a invenção de um alambique cuja patente foi depositada em 25 de junho de 1805. Seu aparelho permitia a retificação do álcool, revolucionando a técnica da queima do vinho.

O volume das exportações cresce ao longo de todo o século XVIII. De 1720 a 1725, a França exporta para outros países e para as colônias 45.506 moios por ano (um moio[65] = 268 litros). Entre 1825 e 1830, cerca de dez milhões de hectolitros de vinho são transformados em aguardente. Em 1788, são exportados 96.193 moios. No Languedoc oriental, a fabricação da aguardente é muito importante, em especial no Gard e na região de Béziers. O fim do século XVIII é marcado por uma crise de superprodução no mercado francês do álcool e por sua repercussão no do vinho (queda dos preços, em particular). As dificuldades de exportação sem dúvida se agravaram durante a Revolução e o Império (guerras, bloqueios marítimo e continental etc.). Os anos de boas colheitas levavam à queda dos preços, pois o subconsumo era severo devido

65. O moio podia variar muito de volume dependendo da região: 260 litros no Aisne, 685 litros em Hérault ou 608 em Montpellier, e 268 litros em Paris, por exemplo. (N.A.)

à crise econômica geral, às dificuldades de transporte e aos diversos entraves à exportação.

Uma solução a esses problemas vai aparecer com a expansão econômica do século XIX e com a formação, na França, de um mercado de vinho em nível nacional que se desenvolve ao longo de quase todo esse período.

Mas a filoxera, surgida em 1863 em Pujaut e em Roquemaure, perto de Avignon, no Gard, bem como as doenças criptogâmicas (o oídio em 1847, o míldio em 1878 e o *black rot* em 1885), devastará o vinhedo francês, levando a uma replantação maciça, que por sua vez provocará uma grave crise de superprodução no início do século XX.

Com a chegada das estradas de ferro e o desenvolvimento dos meios de comunicação (por meio da quadruplicação, em um século, da rede de canais, e de um crescimento considerável do tráfego vinícola marítimo), as tarifas de transporte diminuem de maneira notável. Em 1858, o preço do transporte de meio-moio (134 litros) por via férrea baixa de 50 para 7 francos de Montpellier para Lyon. O mercado francês de vinho se alarga, e a comercialização do produto se torna mais fácil. Ao fim desse século, a legislação ajuda a comercialização diminuindo consideravelmente os impostos fiscais sobre os vinhos. As reduções resultantes da lei de 19 de julho de 1880, e sobretudo da lei de 29 de dezembro de 1900, instaurando um imposto único de circulação sobre os vinhos (1,50 franco por hectolitro) no lugar de vários impostos de varejo e de entrada, muito contribuíram para a expansão dos mercados.

O vinho, considerado como "bebida higiênica", também tinha sua importância: "Até o século XIX, valia mais a pena beber sidra, cerveja, *piquette* ou vinho do que água. Os consumidores, além de neles encontrarem um suplemento útil de calorias, também obtinham uma proteção indireta contra as águas dos rios e poços, vetores de epidemias".[66] As doenças hídricas, isto é, "aquelas que utilizam a água como meio de eleição do micróbio patogênico ou como veículo de contágio"[67], eram devastadoras. A mais difundida dessas doenças era a febre tifoide, com uma mortalidade, de 1886 a 1890, de 5,2 para cada dez mil pessoas nas cidades de mais de cinco mil habitantes.

Paralelamente, uma verdadeira catástrofe comercial é declarada em 1863. Os grandes vinhos franceses exportados se tornam intragáveis ao chegarem a seus destinos. A perda é avaliada em 52 milhões de hectolitros, cerca de 500 milhões de francos. O imperador Napoleão III (1808-1873) está à procura do homem milagroso que possa acabar com esse flagelo. Louis Pasteur é o escolhido, em julho de 1863, para estudar as causas das alterações do vinho durante a fermentação do suco de uva. Pasteur descobre que todos os problemas eram causados por germes parasitas que se desenvolvem junto com os microrganismos responsáveis pela fermentação normal. Assim, ele ensina aos industriais da fermentação (viticultores, fabricantes de vinagre, cervejeiros...) a utilizar apenas cepas puras de microrganismos, a fim de evitar acidentes de produção.

Ao tentar encontrar o remédio para o mal cuja causa descobriu, Pasteur aperfeiçoa uma técnica que permite reduzir o nível de contaminação de um meio graças a um aquecimento de alguns minutos entre 55 e 60° C, na ausência de ar. Esse procedimento, que depois será chamado de pasteurização, será adaptado em grande escala no setor vinícola e melhorará consideravelmente a capacidade de conservação dos vinhos.

O pedido imperial será motivador de uma obra publicada em 1866 que reúne os trabalhos de Pasteur: *Estu-*

---

66. Gourarier, Z. *Maigres repas et repas de maigre, les Français et la table*. Paris: Éditions de la Réunion des Musées nationaux, 1985. p. 36. (N.A.)
67. Goubert, J.-P. *La conquête de l'eau*. Paris: Robert Laffont, 1985. p. 99. (N.A.)

dos sobre o vinho, suas doenças, causas que as provocam, procedimentos novos para conservá-lo e envelhecê-lo.

Ao longo do século XIX, o consumo de vinho se estende a todas as regiões francesas e se desenvolve em todas as camadas sociais da população. Observa-se, no entanto, um recuo passageiro por volta dos anos 1855 e 1885. Essa baixa no consumo corresponde às crises do oídio e da filoxera, que haviam diminuído de maneira considerável a produção vitícola e levado a uma elevação dos preços do vinho. Não levando em conta essas exceções, o consumo total passou de 15.051.054 hectolitros, média dos anos 1850-1854, para 64.104.922 hectolitros nos anos 1905-1909. O consumo anual do francês de então foi de 59 litros em 1850, 65 litros em 1870 e 125 litros em 1909, sem contar o consumo da aguardente e bebidas alcoólicas que, em cinquenta anos, passará de 1,46 litros por cabeça para 4,67 litros em 1900. Entre 1830 e 1900, o consumo individual de vinho aumenta 187%, ou seja, um crescimento médio de 2,3% ao ano. O que é bem compreensível se compararmos essa porcentagem à do crescimento do produto nacional, que, no mesmo período, foi de 2% ao ano.

O aumento do consumo de vinho é acompanhado por um desenvolvimento do número de varejistas: 281 mil postos de vendas de bebidas em 1830 (ou seja, um estabelecimento para cada 116 habitantes) e mais de 480 mil em 1910 (isto é, um para cada 82 franceses). Esse recenseamento não leva em conta os inúmeros balcões de bar provisórios e clandestinos que pululavam nas feiras ou em qualquer evento comercial. A França apresenta, em média, um aumento de 34,3% de seus locais de venda de bebidas de 1879 a 1904. O comércio vinícola também está em plena expansão: de 24.693 comerciantes de vinho por atacado em 1869, passa-se para 33.690 em 1908.

O século retrasado conheceu o início do êxodo rural e assistiu ao nascimento da França urbana: 43 cidades de vinte a cinquenta mil habitantes em 1851, 57 em 1876, 96 em 1911, dez cidades de cinquenta a cem mil habitantes em 1851, dezesseis em 1876, 24 em 1911, nove cidades de mais de cem mil habitantes em 1851 e quinze em 1911.

O significativo deslocamento de populações vivido no século XIX é acompanhado no âmbito rural por uma especialização das lavouras. Enquanto um recuo da vinha é observado nos campos de policultura, desfavorecidos sob o ponto de vista climático, vê-se um crescimento dos vinhedos nos departamentos meridionais. As replantações que se seguiram, por volta de 1885, à invasão da filoxera, já tinham no início do século XX, em Aude, no Gard, em Hérault e nos Pirineus Orientais, uma superfície vitícola superior à de 1850. Os quatro departamentos de Languedoc e Roussillon, que representavam em 1875 apenas 18% da colheita total, atingirão 50% em 1899 (ou seja, 21.346.000 hectolitros em 348.560 hectares) por apenas 23% do vinhedo francês (Hérault, por exemplo, produzia 66 hectolitros por hectare, numa média nacional de 29 hl/ha).[68] Em 1909, com o reforço vitícola de Bouches-du-Rhône e Var, as seis províncias meridionais representavam 54% da produção metropolitana.

Em resumo, a cultura da vinha tendia a desaparecer nos climas mais desfavoráveis e se concentrava e crescia na região meridional. A situação do século XVIII fora diferente: a produção tinha tendência a isolar-se e a separar-se do consumo.

IV. O consumo francês e o consumo mundial de vinho

Ao longo de todo o século XIX e durante a primeira metade do século XX, a viticultura francesa passou por algumas crises: calamidades vitícolas (míldio, filoxera etc.) e duas guerras mundias (falta de materiais para cultivar e manter a vinha, escassez de mão-de-obra com as perdas

68. Nourisson, D. *Le buveur du XIXe siècle*. Paris: Albin Michel, 1990. p. 24. (N.A.)

militares e civis etc.). Cada crise levava a uma queda do consumo individual do vinho, mas ele era retomado logo que a crise era ultrapassada. Assim, entre 1800 e 1950, o consumo de vinho na França cresceu muito. No entanto, sobretudo a partir dos anos 60, observa-se uma diminuição regular desse consumo (bebiam-se 135 litros de vinho por habitante e por ano, em 1960, contra 55 litros por ano e por habitante em 2004) que não está diretamente ligada a alguma crise maior capaz de explicá-la. O consumo de vinho pouco a pouco sairá da esfera agroalimentar para entrar na esfera do lazer.

A isso se somam os efeitos de uma legislação que, na prática, impede a propaganda dos vinhos, e o impacto de campanhas contra o alcoolismo que unem o álcool e as drogas, além de algumas campanhas publicitárias para o grande público que visam à prevenção do consumo excessivo de álcool, mas que, muitas vezes, se revelam operações "antivinho".

O vinho não é mais o alimento que fora até meados do século XX, quando era considerado um elemento nutritivo quase tanto quanto o pão. Ele é agora, de certa forma, o ornamento dos alimentos, uma bebida servida durante as refeições que concorre com todas as demais. Mas seu primeiro concorrente à mesa é a água (seja da torneira ou engarrafada). A *aqua simplex* é a segunda bebida mais consumida no almoço ou no jantar. Observa-se, no entanto, junto aos mais jovens, um crescimento espetacular das bebidas adocicadas sem álcool (como sodas, refrigerantes, sucos de frutas).

Um estudo publicado em 2005 pela Agência Nacional Interprofissional dos Vinhos (a ONIVINS, que se torna VINIFLHOR através do decreto nº 2005-1780, de 30 de dezembro de 2005) e pelo Instituto Nacional de Pesquisa Agronômica – INFRA (sob a coordenação do Centro de Pesquisa em Gestão das Organizações – CREGO – da Universidade de Montpellier II) sobre o consumo de vinho pelos franceses mostra que de 2000 (data da pesquisa anterior) a 2005 o vinho perdeu um milhão de consumidores. Enquanto 62% dos franceses consomem vinho hoje em dia (porcentagem que representa 32 milhões de pessoas), 38% nunca molham seus lábios numa taça de vinho (contra 33% em 2000). Para a população acima de quinze anos, estamos hoje abaixo dos 70 litros por habitante e por ano (eram 160 litros em 1965).

Quanto aos que bebem vinho, os ocasionais (que o consomem uma ou duas vezes por semana ou mais raramente) são muito mais numerosos do que os regulares (que bebem todos os dias ou quase), que representam apenas um terço dos consumidores em 2005. Quase não existem mais consumidores regulares com menos de 35 anos; eles constituem uma população em declínio que, ao que tudo indica, envelhece no mesmo ritmo que a população francesa. Na verdade, a queda do consumo de vinho seria mais um fenômeno cultural do que geracional. Ou seja, os jovens consumidores não se convertem em regulares como seus predecessores.

Não deixa de ser verdade que o vinho continua sendo um importante elemento de convivência e festividades. Em presença de convidados durante uma boa refeição, por exemplo, 82% dos franceses declaram, no estudo quinquenal ONIVINS-INRA de 2005, colocar vinho à mesa. E, nesse caso, mais de 75% dos convivas o consomem com prazer.

Essa queda no consumo também acontece nos dois outros principais países europeus produtores de vinhos, a Itália (108 litros em 1975 contra 48 litros em 2004) e a Espanha (74 litros em 1975 contra 34 litros em 2004). Isso não impede que o francês continue sendo, apesar de tudo, um grande consumidor de vinho, quando comparado por exemplo aos habitantes de outros países do globo: 25 litros por alemão, 17 litros por inglês, 8 litros por americano, 2 litros por japonês (números de 2004). Além disso, o vinho continua sendo, para os franceses, a principal fonte de álcool, pois representa cerca de 60% da quantidade de álcool ingerida no país. E isso apesar da forte concorrência, há vários anos, da cerveja e dos destilados (sobretudo pastis, uísque, gim e vodca). De fato, no início dos anos 70 o vinho representava 75% do consumo de álcool na França.

O estudo quinquenal ONIVINS-INRA de 2005 também examina o conhecimento dos consumidores sobre os indicadores de qualidade dos vinhos franceses.

Quando perguntados sobre o significado da sigla DOC, 58% dos entrevistados respondem corretamente (para apenas 41% em 1995). Depois, quando solicitados a citar um exemplo de DOC, 56% dão uma resposta satisfatória, 11% se enganam ao confundir a DOC com uma marca ou uma cepa e 32% não sabem o que dizer aos entrevistadores. O espectro das DOC citadas se alargou, passando, em dez anos, de 108 para 158 diferentes. A denominação Bordeaux continua sendo a preferida, com 34% das respostas, muito à frente do Côtes du Rhône e do Saint-Émilion (ambos com 8%). Com 1,5%, os Côtes de Provence também aparecem no *top ten* dos DOC citados. Quanto à noção de marca, ela continua dissociada do universo dos vinhos para a maior parte dos franceses: 80% são incapazes de citar uma marca de vinho (eram "apenas" 68% quando do estudo quinquenal ONIVINS-INRA de 1995). Château Margaux e Vieux Papes, marca de vinho de mesa às vezes confundida com a denominação Châteauneuf-du-Pape, encabeçam a lista com 7% de notoriedade espontânea cada (a porcentagem era de 2% no estudo ONIVINS-INRA de 1995). Em relação a isso é interessante observar que um decreto de 2 de junho de 1961 do Tribunal de Segunda Instância de Aix-en-Provence considerou que não havia nenhum risco de confusão entre a marca Vieux Papes e a denominação Châteauneuf-du-Pape. Não é certo, no entanto, que essa jurisprudência tenha validade hoje, pois as jurisdições francesas dedicam uma proteção absoluta à denominação de origem, mesmo para além de sua especialidade, isto é, para produtos sem relação com o vinho.

É possível observar com satisfação, no estudo quinquenal ONIVINS-INRA de 2005, que o conhecimento da noção de DOC evoluiu em dez anos... e mais ainda em vinte anos. Na pesquisa realizada em 1985 pelo Instituto Francês de Pesquisas Econômicas e Sociais (IFRES) para o Instituto Nacional das Denominações de Origem (a lei nº 2006-11, de 5 de janeiro de 2006, de orientação agrícola, transformou esse órgão em Instituto Nacional de Origem e Qualidade), por ocasião do cinquentenário das denominações de origem controlada, observa-se que 5% dos franceses questionados confundiam a sigla DOC com uma etiqueta política, que 9% pensavam que a menção DOC era utilizada no âmbito farmacêutico, que 31% a associavam à carne de abate e 37% a uma produção frutífera. Sem contar aqueles que pensavam que se alguns vinhos de uma denominação de origem são controlados, é porque são suspeitos...

Para os especialistas dos direitos do consumidor vinícola, os diferentes cenários que podem ser estabelecidos sobre as evoluções do consumo individual de vinho na França levam todos a prever um recuo do mercado interno entre 5% desse consumo na hipótese mais otimista (estabilidade do consumo individual dos regulares e crescimento de um litro por ano do consumo dos ocasionais) e 25% na hipótese mais pessimista (queda do consumo individual de um litro por ano para todos os consumidores).

CONSUMO INDIVIDUAL DE VINHO Evolução desde 1975 (população total)			
	1975	2000	Evolução
França	104	57	- 45%
Itália	108	55	- 49%
Portugal	90	50	- 44%
Suíça	43	41	- 6%
Espanha	74	36	- 51%
Argentina	84	39	- 54%
Dinamarca	12	29	+ 156%
Países Baixos	10	19	+ 90%
Bélgica	17	19 (1997)	+ 14%
Reino Unido	5	15,5	+ 210%
Fonte: OIV. Dados em litro / ano / habitante			

Capítulo V
O vinho e a Europa

A produção mundial de vinho se constituiu de 294,6 milhões de hectolitros em 2004, segundo os dados da FAO.[69] A União Europeia, com 27 membros, é o primeiro produtor do planeta (65%). A América vem em seguida (16%), e os demais continentes (África, Ásia e Oceania) representam entre 4 e 5% da produção global. Como o consumo mundial se eleva de maneira muito lenta, a superprodução é avaliada entre 52 e 63 milhões de hectolitros – quase o volume de vinho produzido na França. Esses são os primeiros sinais de uma onda de choque que recairá sobre a União Europeia em geral e sobre a França em particular.

I. A criação da Europa vitivinícola

O mercado comum de vinho nunca foi percebido como passível de ser a pedra angular do edifício europeu. Para os Estados-membros setentrionais, consumidores de cerveja, a regulamentação da questão vinícola só poderia acontecer através de uma regulamentação financeira. Já nos dois principais países produtores, as negociações de compromisso entre o dirigismo francês e o anarco-liberalismo italiano se revelaram cada dia mais difíceis.[70] Para

69. FAO: *Food and Agriculture Organization of the United States*. (N.A.)

70. As dificuldades encontradas na elaboração do estatuto vitícola comum podem ser ilustradas pelo "compromisso cultural" adotado para a representação simbólica dos tipos de vinho de mesa. Eles são designados pela letra inicial da palavra latina correspondente: R de *rubeus* (tinto) e A de *albus* (branco). (N.A.)

o Conselho das Comunidades Europeias, era importante respeitar um prazo: 31 de dezembro de 1969. Esse dia marcaria o fim de um período transitório, durante o qual os seis participantes da Comunidade Econômica Europeia concluiriam a unificação de seus mercados agrícolas. Em 22 de dezembro de 1969, é finalmente elaborado um texto comum. A eliminação de obstáculos fora facilitada pela expiração do prazo de validade dos acordos vinícolas de Evian entre a França e a Algéria, que, até então, era fornecedora de importantes contingentes (de 7 a 8 milhões de hectolitros de vinho). Ultrapassada a barreira política, a elaboração técnica definitiva das regulamentações foi rápida, sendo concluída na primavera seguinte, em 28 de abril de 1970, organizando junto aos seis países um mercado comum de vinhos.[71]

A Organização Comum do Mercado Vitivinícola (chamada OCM-Vinho), instaurada pelo decreto nº 816/70 do Conselho, de 28 de abril de 1970, evoluiu muito desde sua fundação, entre 1964 e 1970. Em vigor a partir de 1º de junho de 1970, o mercado comum dos vinhos é o último a ter sido instituído (as primeiras organizações comuns de mercado datam de 1º de julho de 1967). Sua organização atual está baseada no decreto nº 1493/1999 do Conselho, de 17 de maio de 1999.

II. A Organização Comum do Mercado Vitivinícola

A regulamentação comum reúne os vinhos da União Europeia em duas categorias: vinhos de mesa (no direito vitivinícola francês, os vinhos de mesa propriamente ditos e os vinhos de mesa beneficiados por alguma indicação geográfica – ou vinhos de região) e vinhos de qualidade, produzidos em regiões determinadas. Os VQPRD com-

---

71. Sobre a evolução do direito vitivinícola: GAUTIER, J.-F. *Les vins de France*. Paris: PUF, 2002. (Coleção "Que sais-je?", n. 208). (N.A.)

preendem, na França, os vinhos delimitados de qualidade superior (VDQS) e os de denominação de origem controlada (DOC).

Os vinhos de mesa são colocados sob um regime de regulação comum a todos os Estados-membros da União Europeia, enquanto os VQPRD, definidos pela regulamentação comum, veem sua regulação em grande parte remetida às competências de cada um dos Estados-membros da União Europeia. A regulamentação comum sobre o mercado dos vinhos, portanto, aplicava desde 1970 o princípio de subsidiariedade, que se tornaria famoso, antes que este fosse definido pelo tratado de 7 de fevereiro de 1992 assinado em Maastricht, na Holanda.

A subsidiariedade (do latim *subsidium*, que significa tropas de reserva) é um princípio de organização política e social cuja ideia é muito antiga, pois remonta a Aristóteles (384 a 322 a.C.) e ao pensamento grego. O princípio de subsidiaridade também foi explicitado e complementado por São Tomás de Aquino (1225-1274) e pela escolástica medieval, antes de ser formulado e desenvolvido pela doutrina social da Igreja Católica. Ele já figurava em lugar de destaque no magistério pontifical (pelo menos desde Pio XI – 1857-1939 – com a encíclica *Quadragesimo anno*, de 1931) e será retomado pelo papa João Paulo II (1920-2005) quando da publicação, em 1992, do *Catecismo da Igreja Católica* (§1883):

> Uma sociedade de ordem superior não deve intervir na vida interna de uma sociedade de ordem inferior privando-a de suas competências, mas deve antes ampará-la em caso de necessidade e ajudá-la a coordenar sua ação com a dos demais elementos que compõem a sociedade, em vista do bem comum.

É claro que o sentido latino na origem da palavra subsidiariedade nada tem a ver com a noção de exército de reserva, tal como entendida por Karl Marx em *O capital* (*Das Kapital*, 1867) e essencialmente definida como uma massa de desempregados que permitia aos capitalistas imporem a seus empregados as piores condições de exploração (baixos salários, horários intermináveis, ritmos desenfreados e proteção social reduzida ao mínimo).

O princípio de subsidiariedade está na base de algumas constituições federais em geral e do federalismo alemão em particular (artigos 73 e seguintes da lei fundamental de 8 de maio de 1949).

Pela primeira vez desde a instauração do decreto nº 816/70 do Conselho, de 28 de abril de 1970, estabelecendo disposições complementares – porque completam o decreto nº 24/62, de 4 de abril de 1962, que colocava as bases de um mercado comum de vinhos – para a Organização Comum do Mercado Vitivinícola, e do decreto nº 817/70 do Conselho, de 28 de abril de 1970, que previa disposições particulares para os vinhos de qualidade produzidos em regiões determinadas, não existem mais decretos específicos às duas categorias de vinhos: o decreto nº 1493/99, de 17 de maio de 1999, reorganiza a regulamentação dos vinhos de mesa e dos VQPRD. (Incluindo, no entanto, um artigo específico para os VQPRD, bem como várias disposições cuja aplicação é deixada à iniciativa dos Estados-membros.)

A construção dessa regulamentação foi, em grande parte, inspirada no dualismo vinícola francês até o nascer do século XX (ele próprio originário do sistema português de delimitação das zonas vitícolas do vale do Douro em 1756; essa delimitação dos vinhos capazes de se tornarem do Porto fora estabelecida pela *Douro Wine Company*, que era uma sociedade privada de comércio de nacionalidade inglesa).

O modelo francês inspirou de duas formas o direito vitivinícola da comunidade europeia: no aspecto normativo (definição dos produtos, obrigação de declaração etc.), desde a primeira organização comum de mercado; e no aspecto da regulação dos mercados (sobretudo em matéria de vinhos de mesa), desde as primeiras crises vitícolas da Comunidade Europeia.

As mudanças atuais dos modos de consumo, aliadas à internacionalização crescente dos mercados num quadro tanto interno à comunidade europeia quanto mundial (especialmente depois do tratado de Marrakech, de 15 de abril de 1994, que cria a Organização Mundial de Comércio – OMC), levam hoje a uma menor influência francesa no plano da regulamentação europeia.

III. A ampliação do setor vitivinícola na União Europeia

Da pequena Europa de ontem passamos hoje à grande União Europeia (UE): dos seis Estados fundadores de 1957 (Alemanha Federal, Bélgica, França, Itália, Luxemburgo, Países Baixos), a Comunidade incorporou a Dinamarca, a Irlanda e o Reino Unido em 1º de janeiro de 1973, a Grécia em 1º de janeiro de 1981, a Espanha e Portugal em 1º de janeiro de 1986, a Áustria, a Finlândia e a Suécia em 1º de janeiro de 1995. Depois, em 1º de maio de 2004, os oito países da Europa Central e Oriental (PECO: Estônia, Hungria, Letônia, Lituânia, Polônia, República Tcheca, Eslováquia, Eslovênia) e as duas ilhas mediterrânicas (Chipre e Malta), além das adesões, em 1º de janeiro de 2007, da Bulgária e da Romênia. Em cinquenta anos, a Europa dos Seis se transformou na Europa dos 27.

A *Versão consolidada do tratado sobre a União Europeia* remete, em seu artigo 49 sobre a ampliação, aos princípios gerais enunciados no parágrafo 1º do artigo 6º (a saber, que o país candidato deve respeitar alguns "princípios que são comuns aos Estados-membros") e indica apenas que as condições de adesão são objeto de um acordo entre os Estados-membros e o Estado-requerente.

Os critérios que os países candidatos precisam satisfazer antes de sua adesão foram fixados nas conclusões da presidência do Conselho Europeu de Copenhague, nos dias 21 e 22 de junho de 1993. (O Conselho Europeu reúne os chefes de Estado ou de governo dos Estados-membros.) Foram feitas considerações sobre a queda do Muro de Berlim (9 de novembro de 1989), e a mão foi estendida aos países que a cortina de ferro havia jogado para Leste. Os "critérios de Copenhague" são três:

– o critério político: a presença de instituições estáveis que garantissem a democracia, a primazia da lei, o respeito aos direitos do homem e das minorias, bem como sua proteção;
– o critério econômico: a existência de uma economia de mercado viável, bem como a capacidade de enfrentar a pressão da concorrência e as forças do mercado interno à União Europeia;
– o critério da aceitação dos privilégios da comunidade: a adesão pressupõe a capacidade do país candidato de assumir as obrigações e especialmente de subscrever-se aos objetivos da união política, econômica e monetária.

A primeira etapa da ampliação da União Europeia diz respeito à entrada, a partir de 2004, de dez países, sendo um deles, a Hungria, de particular importância do ponto de vista vitivinícola (em 2001, sua superfície vitícola era de 92.700 ha, e a produção vinícola de 4.399.000 hl). A segunda etapa de ampliação da UE, em 2007, diz respeito no mínimo a dois países vitivinícolas: a Bulgária (97.200 ha e 3.306.000 hl) e a Romênia (247.600 ha e 5.090.000 hl). Esses três países concentram sozinhos 90% da superfície dos vinhedos e da produção de vinhos dos doze novos Estados-membros, bem como ¾ de seu consumo.

A Hungria, já integrada à União Europeia, mais os futuros Estados-membros da Bulgária e da Romênia, representam sozinhos 85% das exportações dos doze novos países (a França compra deles um pouco menos de 100 mil hl/ano). Enquanto isso, os doze países compram pouco da França (menos de 5% das exportações em volume e em valor). Em contrapartida, suas compras em madeira e pés de vinha estão em alta: quinhentas mil unidades em 1997 e 2,9 milhões de unidades em 2003.

Participação de cada país na superfície dos vinhedos dos doze países candidatos (2001)

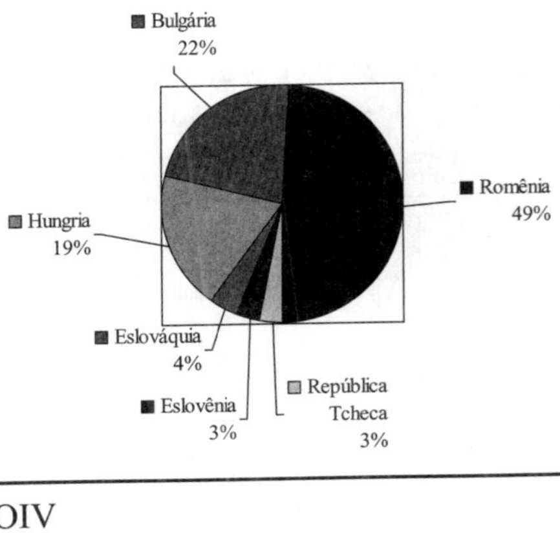

Fonte: OIV

Evolução da produção de vinhos (1973-2002):

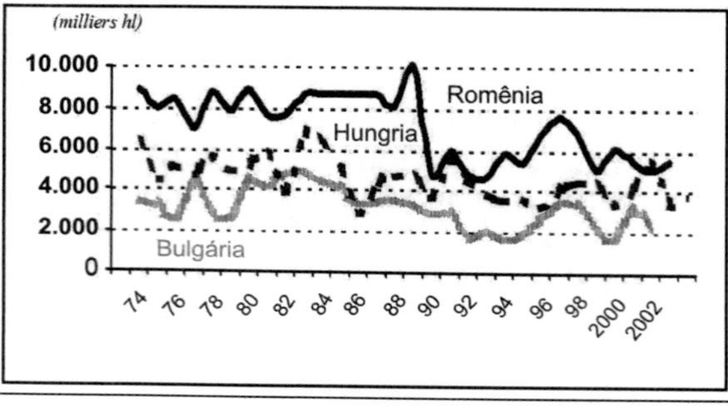

Fonte: OIV – DGVI

Segundo o estudo estatístico realizado em 2001 pela Organização Internacional da Vinha e do Vinho (OIV), a produção de vinhos dos doze países candidatos representa 14,5 milhões de hectolitros, ou seja, menos de 10% da produção da União Europeia com quinze membros, quase 14% da superfície de seus vinhedos, menos de 10% de seu consumo de vinho e cerca de 5% de suas trocas vitícolas em volume.

Comparação do ramo vitivinícola

	França	Europa dos quinze	Doze países candidatos	Europa dos 27	Passagem de quinze para 27
Superfície (m/ha)	914	3.582	499	4.081	+ 13,9%
Produção (m/hl)	53.289	156.822	14.530	171.352	+ 9,3%
Consumo (m/hl)	33.916	128.361	12.253	140.614	+ 9,5%
Exportações (m/hl)	15.126	47.007	2.233	49.240	+ 4,8%
Importações (m/hl)	5.136	41.965	2.096	44.061	+ 5,0%

Fonte: OIV 2001

Os novos países deverão todos aplicar a OCM-vinho, mas a maior parte ainda não está pronta. Em contrapartida, o potencial de desenvolvimento dos vinhedos é considerável (com destaque para Romênia e Bulgária), apesar de a produtividade ser fraca hoje em dia. A adesão desses dois países representaria (a estimativa é de 2004) um afluxo de 8 a 10 milhões de hectolitros e mais 350 mil hectares.

IV. A Europa vitivinícola e os países produtores do Novo Mundo

O consumo mundial de vinho, do fim dos anos 70 a meados da década de 90, regride e passa de 280 para 223,9 milhões de hectolitros. Esse recuo em escala mundial pode ser explicado pela queda do consumo nos tradicionais países produtores (França, Itália, Espanha, Portugal e Grécia), onde a diminuição foi de 50% num período de quarenta anos. Como esses países europeus representam mais da metade do consumo global, a queda de seus consumos teve consequências nefastas sobre a demanda mundial.

A União Europeia de 27 membros ainda ocupa um lugar hegemônico no setor vitivinícola mundial, tanto no que diz respeito às superfícies plantadas de vinhas quanto à produção, ao consumo ou às exportações de vinhos. Esse quase-monopólio (representado por França, Itália e Espanha) é no entanto ameaçado pelos países produtores do Novo Mundo: África do Sul, Austrália, Nova Zelândia, e também Argentina, Chile, Brasil e Estados Unidos (sobretudo os vinhos californianos).

Desde o início dos anos 70, a superfície do vinhedo mundial vem evoluindo de forma diferenciada. A existência de condições muito heterogêneas, variando segundo os continentes e países, contribui naturalmente para tornar instável a evolução da superfície do vinhedo mundial.

A partir dos anos 90, um notável crescimento das exportações mundiais pode ser constatado. Ele acontece a um ritmo bastante superior ao da produção.

Assim, por intermédio de uma política ativa de desenvolvimento de seus vinhedos, a Austrália, o Chile, os Estados Unidos, a Argentina, a África do Sul e também o Brasil se tornaram para o Velho Continente o "Novo Mundo vinícola". No entanto, é importante explicitar que esses ditos "novos produtores" cultivam a vinha há séculos.[72] A denominação se deve acima de tudo à vontade deliberada desses países de conquistar mercados, surpreendendo bastante os demais produtores e exportadores.

A Austrália, em particular, fez uma entrada notável na produção de vinho e é hoje o quinto produtor mundial. Em 2002, a África do Sul e o Chile também começaram a figurar entre os maiores produtores de vinho. Paralelamente ao ingresso desses dois países do hemisfério sul na hierarquia das mais importantes produções mundiais, que acontece no decorrer dos anos 90, a Itália sofre uma diminuição de sua participação na produção mundial. Os Estados Unidos (Califórnia em particular), pelo contrário, não param de consolidar sua posição internacional de produtores de vinhos.

Enquanto a União Europeia arrancava suas vinhas, os países do Novo Mundo plantavam as suas. Ano após ano, os vinhedos desses países entravam em atividade, criando uma superprodução mundial e exacerbando a concorrência internacional. Como o decreto nº 1493/1999 do Conselho, de 17 de maio de 1999, sobre a organização comum do mercado vitivinícola não levou esse novo dado em consideração, nenhuma de suas disposições permite enfrentá-lo. Apesar de o decreto de 17 de maio de 1999 oficializar o papel potencial dos agrupamentos de

72. Gautier, J.-F.. *La civilisation du vin*. Paris: PUF, 1997. (Coleção "Que sais-je?", n. 3296). (N.A.)

produtores e das organizações interprofissionais, ele não oferece os meios necessários para a construção de organizações fortes de exportação ou para a defesa da bandeira da Comunidade Europeia. A situação do vinho se aproxima da situação dos demais produtos agrícolas, em concorrência aberta num mercado globalizado, mas sem suporte individual. Os vinhos europeus precisam ser defendidos para existirem em meio às exuberantes ofertas do comércio internacional, no qual a competitividade se dá através dos preços.

Os seis países que representam 60% do consumo mundial de vinho					
560 milhões de habitantes 9% da população mundial (Fonte: INED)					
34,5 (*)	30,8	21,2	19,6	13,8	12,4
15,7%	14,0%	9,6%	8,9%	6,3%	5,7%
França	Itália	Estados Unidos	Alemanha	Espanha	Argentina
Fonte: OIV – Dados de 2000, em milhões de hectolitros (*) e em porcentagem					

Capítulo VI

O vinho e as Américas

Apesar de ser o protegido de Vasco da Gama[73], Cristóvão Colombo (1451?-1506), cuja esposa era portuguesa, tentou em vão obter o apoio do rei de Portugal para sua grande viagem ao oeste. O navegador genovês acabou conseguindo o dos reis católicos da Espanha, Fernando de Aragão e Isabel de Castela. Colombo embarcou em 3 de agosto de 1492 em Sanlúcar, na foz do Guadalquivir, e chegou à América depois de três meses de navegação. A descoberta da América faz com que a vinha conquiste novos territórios. A planta dedicada ao culto de Dionísio/Baco sai de seu lar mediterrânico tradicional e, graças à sua extraordinária capacidade de adaptação, prolifera nas regiões temperadas do Novo Mundo: do México à África do Sul, da Califórnia à Austrália, da Argentina à Nova Zelândia, no Chile e no Brasil. Mais do que um "Novo Mundo", seria mais apropriado falar em "Nova Europa".

Da Nova França à Nova Inglaterra, passando pela Nova Espanha ou pela Nova Holanda, os imigrantes europeus importaram e impuseram aos autóctones suas línguas, suas culturas, suas religiões, suas tradições, seus costumes, suas artes, suas ciências, seus modos de vestir e suas maneiras de comer e beber.

---

73. Vasco da Gama (1469-1524) descobriu em 1497 a rota para as Índias passando pelo Cabo da Boa Esperança. O navegador português foi nomeado vice-rei das Índias em 1523. (N.A.)

I. O Velho Mundo e a Nova Europa

A partir do século XV, a Europa cristã, sobretudo a cristandade mediterrânica, se lança à descoberta, depois à conquista, de um novo mundo. A colonização, a evangelização e a implantação da vinha andavam juntas: "Todo monge conquistador carregava no alforje seu breviário e seu ramo de mudas".[74]

Os missionários portugueses introduziram o vinho no Japão e no Brasil. Os monges espanhóis fizeram o mesmo no resto da América do Sul, na América Central e na Califórnia. Os protestantes franceses plantaram a vinha no Cabo da Boa Esperança (antigo Cabo das Tormentas), no sul da África do Sul, depois da revogação do édito de Nantes, em 18 de outubro de 1685.[75] No leste da África, foram os pais do Espírito Santo, originários da Alemanha. Nos antípodas, no oeste da Austrália, país-continente chamado de "França do hemisfério sul"[76] por suas possibilidade vinícolas, foram os beneditinos espanhóis que plantaram a vinha, e, na Nova Zelândia, as primeiras mudas foram introduzidas por missionários anglicanos e missionários católicos franceses. O cristianismo, em particular a Igreja Católica, com o vinho da missa e suas centenas de milhões de fiéis, sem dúvida fez mais do que qualquer outra religião para contribuir para a disseminar o "sangue da uva" (*sanguis uvae*[77]) no Novo Mundo.

---

74. Dumay, R. *La mort du vin*. Paris: Éditions Stock, 1976. p. 20. (N.A.)
75. Assinado por Luís XVI em Fontainebleau, o édito de revogação anulava todas as vantagens concedidas por Henrique IV em 13 de abril de 1598 no célebre édito de Nantes. (N.A.)
76. Johnson, H. *Une histoire mondiale du vin. De l'antiquité à nos jours*. Paris: Éditions Hachette, 1990. p. 352. (N.A.)
77. O livro do Gênesis (49, 11) fala do "sangue das uvas", e o Deuteronômio (32, 14) evoca o "sangue da uva". (N.A.)

II. A vitivinicultura na América do Norte

O Velho Mundo vitícola cede terreno aos vinhedos do Novo Mundo: a arte da vinha e do vinho não é mais privilégio da velha Europa. A civilização do vinho se espalha de maneira considerável na Califórnia, na Argentina, no Chile, no Uruguai, no Peru, na Bolívia e, é claro, no Brasil, mas também na África do Sul, na Austrália e na Nova Zelândia.

A primeira plantação de vinha do Novo Mundo, *stricto sensu*, remonta com certeza aos primeiros anos do século XVI, no México, a "Nova Espanha", da qual Hernan Cortez (1485-1547) fora nomeado governador-geral em 1522 pelo rei Carlos V. Cortez mandara buscar vinhas da Espanha para transplantá-las em terras mexicanas. Em 1524, o conquistador decreta que todo espanhol concessionário de terras deveria plantar vinhas tanto para as necessidades da Eucaristia quanto para satisfazer uma parte de suas necessidades alimentares. Em vez de contar com as custosas cargas vindas da Espanha ou das Canárias, cada um cultivava sua própria vinha. Nada sabemos sobre a qualidade dos vinhos produzidos, se é que efetivamente o foram. A partir da metade do século XVI, os novos territórios espanhóis da Argentina, do Chile e do Peru produziam seus próprios vinhos, como queria o governo da Espanha. Mas o rei católico de todas as Espanhas, Filipe II, proíbe, em 1595, o desenvolvimentos desses vinhedos coloniais, a fim de proteger as explorações vinícolas da metrópole, decretando, na mesma ocasião, que qualquer vinho não importado da pátria-mãe devia ser considerado produto de contrabando.

Quer se trate do *mission* no México, da *criolla* na Argentina, da *pais* no Chile, a ordinária cepa original utilizada pelos primeiros colonos ainda é cultivada em grande escala nesses países para produção de vinhos comuns. No México (a Alta Califórnia pertence ao México até

1850)[78] e na América do Sul, os conquistadores espanhóis foram logo seguidos por missionários, quase sempre franciscanos e jesuítas, que cultivaram a vinha para produzir o vinho da missa. Os religiosos também utilizavam a cultura da vinha para implantar a civilização cristã, avatar da civilização do vinho, nessas novas terras pagãs.

A primeira introdução conhecida de vinho na Califórnia data de 1769, quando monges franciscanos, conduzidos pelo padre Junipero Serra, originário da ilha da Maiorca, carregaram vinho e pés de vinhas em sua caminhada do México em direção ao norte, estabelecendo-se por fim no lugar hoje chamado San Diego, na região sul da Califórnia. Ali seria fundada a primeira missão californiana. Os pés de vinha provenientes da Espanha deram origem a uma cepa chamada *mission grape*. E com o nome de vinha da missão foram conhecidas as primeiras plantas da região. Essa cepa foi dominante na indústria de vinho californiana até fins do século XIX. Mais tarde, os monges franciscanos continuaram a fundar missões ao longo de sua caminhada em direção ao norte da Califórnia, levando suas vinhas consigo. Produziram um vinho de qualidade bastante satisfatória, que às vezes vendiam aos habitantes da região, bem como aos primeiros colonos espanhóis das redondezas. Em 1833, o governo mexicano decidiu secularizar todas as fundações religiosas e, entre 1834 e 1835, as missões da Califórnia foram extintas. Em 1837, a secularização estava terminada.

O primeiro viticultor da região de Los Angeles cuja identidade é conhecida é Antonio Maria Lugo, um

78. Depois de uma luta de dez anos contra a Espanha, o México conquistou sua independência em 1821. O Tratado de Guadalupe Hidalgo, assinado em 2 de fevereiro de 1848, pôs fim a dois anos de guerra com os Estados Unidos. Como consequência desse conflito armado, o México perdeu a Califórnia (a Alta), bem como o Texas e o Novo México. A Califórnia se tornou, em 1850, o 31º Estado da União. (N.A.)

espanhol que servira no exército de seu país. Ele começara plantando vinhas em 1809, nos oito acres atrás de sua casa, situada no que hoje é o centro da cidade de Los Angeles. Por volta de 1830, um homem com o nome sonoro de Jean-Louis Vigne, nascido no ano de 1779 em Cadillac, perto de Bordeaux, começa a plantar seu vinhedo, que hoje também se encontra em pleno centro de Los Angeles. O papel histórico desse francês, que mais tarde mudou o nome para Don Luis del Aliso para se integrar completamente ao novo país, foi fazer a transição entre a cepa trazida pelos missionários espanhóis (a variedade *mission*) e as cepas europeias (do tipo *vitis vinifera*) que ele mandou trazer do Velho Continente. No vale de Sonoma, o papel dos pioneiros da viticultura californiana foi desempenhado pelo general Vallejo e pelo conde e coronel Agoston Haraszthy. O coronel-viticultor, refugiado húngaro, é considerado o pai da viticultura californiana. Mas apenas em 1848, data do nascimento da cidade de São Francisco, é descoberto o clima quase mediterrânico da Califórnia do Norte. As condições naturais da região se revelaram muito favoráveis à exploração dos vinhedos. Os vales de Napa e de Sonoma mostraram-se mais aptos à cultura da vinha do que a bacia de Los Angeles. Ao fim do século XIX, a vinha faz parte da paisagem californiana.

Entretanto, no final do século XIX, a filoxera também faz sua aparição. Depois de destruir as vinhas do leste dos Estados Unidos, a filoxera, transportada pela estrada de ferro, vai se lançar sobre os vinhedos da costa oeste. A Califórnia, na época coberta com cepas europeias, é devastada. Como na França, a solução vem do enxerto das variedades atingidas em cepas indígenas resistentes ao parasita. Por ironia do destino, a filoxera, que, no século anterior, destruíra as vinhas francesas, em 1992 começa a devastar o vinhedo californiano. Nos dez anos seguintes, talvez antes, a filoxera corre o risco, segundo especialistas, de afetar a metade das propriedades vitícolas: vinte mil hectares de vinhas dos 26 mil hectares de cepas nobres, nos vales de Napa e Sonoma, serão arrancadas e replantadas – o porta-enxerto resistente ao terrível parasita.

A Califórnia, a América da América, possui, de longe, o vinhedo mais importante (90% de vinhas cultivadas, ou seja, mais de trezentos mil hectares, sendo cerca de 150 mil em uvas viníferas, numa média de 14 milhões de hectolitros de vinho, sobretudo branco). Esse estado reúne 770 produtores de vinhos (dos 850 inventariados nos Estados Unidos), sendo 185 em Napa Valley e 155 em Sonoma. O estado de Nova York vem em segundo lugar (cerca de 8%), e os 2% restantes são representados pela produção dos estados de Washington, Oregon e Texas.

Em 1890, os viticultores americanos já produziam cerca de 1 milhão de hectolitros de vinho. Mais de um século depois[79], os Estados Unidos teriam uma superfície plantada com vinhas de 310 mil hectares, uma produção de 16,2 milhões de hectolitros, um consumo em litros *per capita* de 6,7 em 1994 e 8 em 2004.[80]

III. A vitivinicultura na América do Sul

Os portugueses rivalizavam com os espanhóis, que haviam descoberto as Canárias e também queriam encontrar uma rota para as Índias. A partir de 1494, Portugal e Espanha dividem o mundo com o Tratado de Tordesilhas, sob a égide do papa de origem espanhola Alexandre VI (1431-1503)[81], que, em sua famosa bula *Inter caeterae di-*

---

79. Estatísticas vitivinícolas de 1994: *Boletim da OIV*, Paris, novembro-dezembro de 1995. (N.A.)

80. Segundo o estudo quinquenal ONIVINS-INRA de 2005 (ver *supra*). (N.A.)

81. O papa Alexandre VI (pontífice de 1492 a 1503), nascido em Xàtiva na Espanha com o nome de Rodrigo Borja, nome que será latinizado para Bórgia, era pai de César Bórgia (1475-1507) e sobrinho de Alfonso Bórgia (1378-1458). (N.A.)

vinae, de 1493, traça uma linha correspondente ao 50º grau de longitude oeste: os territórios descobertos a oeste desta linha caberiam à Espanha; os situados a leste, a Portugal.[82]

Foram os espanhóis que introduziram a vinha na Argentina, pois carregavam consigo algumas mudas de *vitis vinifera*. O grande propagador da vinha foi o padre Juan Cidrón, em 1558. Mas é no início do século XIX que a grande corrente imigratória europeia, constituída essencialmente de italianos e espanhóis, faz das atuais províncias de Mendoza, aos pés dos Andes[83] mas na mesma latitude do Marrocos, e San Juan, no norte do país, verdadeiros oásis vitícolas. A esse fenômeno soma-se a construção, entre 1878 e 1885, da estrada de ferro ligando Mendoza a Buenos Aires, num percurso de mais de mil quilômetros. A via férrea permite o transporte dos vinhos argentinos para os grandes centros de comercialização do país. Cerca de 70% dos vinhedos argentinos e quase a metade dos da América do Sul ficam na província de Mendoza. Em 1994, a Argentina tinha uma superfície plantada de vinhas de 207 mil hectares, uma produção de 18 milhões de hectolitros e um consumo *per capita* de 43,95 litros de vinho.

No Chile, a viticultura nasce no século XVI, em paralelo ao desenvolvimento colonial do país. No fim do século XIX, ela ganha grande impulso com a importação de variedades francesas de uvas viníferas. É por isso que a produção de 1875, 514 mil hectolitros, passa para 1.103.000 hectolitros em 1883. Mas as orientações políticas mudam, e em 1902 e 1938 (*Frente Popular*) duas leis orgânicas sobre os alcoóis vão taxar com força a produção e

---

82. Droulers, M. *Brésil: une géohistoire*. Paris: Presses Universitaires de France, 2001. p. 24. (N.A.)

83. Em vez de dizer Cordillères des Andes [Cordilheira dos Andes], em francês, deveríamos dizer Cordillère du cuivre [Cordilheira do couro]. Andes vem do peruano *antis*, que por sua vez deriva de *anta*, couro. (N.A.)

limitar as plantações. Será preciso esperar 1978 e a instauração de um regime de livre concorrência para recolocar em marcha o setor vinícola, que se abrirá às tecnologias modernas e aos investimentos externos. Em 1994, o vinhedo chileno cobria 114 mil hectares numa produção de 3,6 milhões de hectolitros e, em 1992, associava-se a um consumo *per capita* de 29,50 litros.

O Uruguai tem uma importância no plano vitícola muito além de sua superfície (186.926 km^2, o menor Estado da América do Sul)[84]. Dos dezenove departamentos do Uruguai, quinze estão aptos a produzir vinho. Em 1994, o Uruguai tinha uma superfície de vinhas plantadas de 11 mil hectares, uma produção de 709 mil hectolitros e um consumo *per capita* de 30,50 litros.

Introduzida em 1555 pelos espanhóis, a vinha conhece uma rápida expansão nos vales férteis do Peru, atingindo cerca de 36 mil hectares. A produção de vinho segue a mesma tendência, concorrendo com o vinho do reino da Espanha, o qual proibirá, em 1629, que os navios do Atlântico transportem vinhos peruanos, limitando assim o comércio desse país. A viticultura logo conhece um declínio no Peru devido aos pesados encargos fiscais, à filoxera e ao desenvolvimento da cultura do algodão. Só nos anos 60 ocorrerá o renascimento da viticultura peruana. Em 1994, o Peru tinha uma superfície de vinhas plantadas de 10 mil hectares, uma produção de 80 mil hectolitros e um consumo *per capita* de 0,47 litros (dados de 1992).

A cultura da vinha na Bolívia começa no século XVI, vinda do atual Peru, a que o vice-reino da Bolívia pertencia sob o nome de Alto Peru, onde os missionários agostinianos (entre 1550 e 1570) chegaram nas localidades de Pilaya, Paspalla e Cinti, passando por Tomina, do departamento de Chuquisaca. Mais tarde, a cultura da

84. O Uruguai, na escala europeia, é no entanto um país grande, possuindo quatro vezes o tamanho da Suíça. (N.A.)

vinha se estenderá por outros vales, como o de Mizque em Cochabamba, Luribay em La Paz e ao sul de Potosí, chegando no departamento de Tarija no início do ano de 1600, com os agostinianos.

Por séculos a cultura da vinha na Bolívia conhece inúmeras vicissitudes, mas sempre no quadro de uma estrutura de vinhedos familiares, até a grande expansão comercial que data dos anos 60. Em 1974, os esforços colocados na viticultura começam a dar seus frutos, e grandes empresas vitivinícolas começam a surgir em Tarija. Essa rápida expansão será de curta duração. A importação de material vegetal leva à chegada da filoxera em solo boliviano. Daí a diminuição da produção e o aumento dos custos. Em 1982, a viticultura boliviana chega ao fundo, devido aos fracos rendimentos e à importação clandestina de vinho, combinados a uma inflação generalizada. Mas, a partir de 1986, um programa de renovação do setor vitivinícola ganha importância na agricultura boliviana. Em 1994, a Bolívia tinha uma superfície de vinhas plantadas de 4 mil hectares e uma produção de 20 mil hectolitros de vinho.

Representativo dos jovens países vitivinícolas da América do Sul, o Brasil será objeto de um estudo específico.

IV. A vitivinicultura no Brasil

Trazida da ilha de Madeira e dos Açores, a vinha foi introduzida no Brasil, em 1532, por Martim Afonso de Souza. Seu desenvolvimento segue o da colonização e das diferentes vagas migratórias. Portugueses, espanhóis, franceses, italianos e também alemães, os imigrantes europeus contribuem para a expansão da viticultura brasileira. A paisagem vitícola do país será totalmente transformada por volta de 1830 com a chegada da primeira variedade de vinha americana, a *vitis labrusca* Isabela (híbrido que faz um vinho comum). A resistência às doenças, a rápida aclimatação e a produtividade logo lhe garantem a alcunha de uva nacional. Hoje, 80% das vinhas plantadas no Brasil são da variedade *vitis labrusca*, e apenas 20% são da *vitis vinifera*. Como seria de esperar das tradições vitícolas alemã e italiana, encontramos as cepas *riesling*, *gewürztraminer*, mas também *tannat* e *cabernet sauvignon*.

O Brasil foi colonizado por portugueses acostumados a beber vinho, apesar de, no início, os colonos não se interessarem pela vinha. Somente durante os primeiros anos do século XX começarão a ser plantados vinhedos no país. A viticultura brasileira ganha um verdadeiro impulso com a imigração de italianos depois da Primeira Guerra Mundial.

A principal região vitícola fica no estado do Rio Grande do Sul (95% da produção). Localizada entre o Atlântico, a Argentina e o Uruguai, na extremidade sul do país, isto é, mais temperada, a região goza do clima mais favorável ao cultivo da vinha. No Rio Grande do Sul encontramos a capital vitícola brasileira: Bento Gonçalves (100.643 habitantes), cidade localizada a 400 quilômetros da Argentina. As outras regiões vitícolas se encontram em São Paulo, Rio de Janeiro e Minas Gerais, estado federal localizado ao noroeste da região sudeste e a uma altitude que varia de 700 a 1.800 metros. O vinhedo se estende também por Santa Catarina, estado do sul do Brasil localizado entre o Rio Grande do Sul e o Paraná.

Apesar de o Brasil ser o maior país da América do Sul, com 8.547.404 km^2, sua superfície de vinhas plantadas é de apenas cerca de 690 km^2 (68 mil hectares)[85], com uma produção de 3,6 milhões de hectolitros (o que o coloca em 12º lugar entre os países produtores do mundo), um consumo interno quase igual (representando 1,83/litro/

---

85. A superfície vitícola do Brasil é vinte vezes menor do que a da França. (N.A.)

habitante)[86] e uma exportação vinícola ainda mais tímida (5% do volume em 2000). Apesar de ter uma produção local em alta, o Brasil continua vendo suas importações aumentarem com regularidade. Os países envolvidos nesse mercado são o Chile e a Argentina. Em 1999, as importações da Argentina aumentam 98%, e as dos vinhos chilenos 50%. Os vinhos espumantes fazem bastante sucesso: foram vendidos 2,6 milhões de litros no mesmo ano.

A adesão do Brasil, em 1995, à Organização Internacional da Vinha e do Vinho proporcionou um reconhecimento internacional à sua vitivinicultura. Em 2008, a OIV conta com 43 Estados-membros produtores que representam quase 85% dos vinhedos do planeta, bem como cerca de 95% da produção e do consumo mundiais de vinho.

Três colheitas por ano no Brasil

Na região vitivinícola do Nordeste, o clima é de tipo tropical semiárido. Com temperaturas médias, no inverno, de 22 a 23°C e, no verão, de 27 a 28°C, o ciclo vegetativo da vinha sofre. Uma irrigação disciplinada e uma correta utilização de produtos químicos para estimular a interrupção da dormência permitem alongar ou encurtar seu ciclo. Assim, essa região produz de 2,5 a 3 colheitas por ano, com rendimentos que chegam, para as uvas comestíveis, a mais de 70 toneladas/hectare/ano. Para os vinhos finos, a produção média é de 100 hl/ha com 2,5 colheitas por ano, ou seja, 250 hl/ha/ano.

---

86. Estatísticas vitivinícolas de 1994: *Boletim da OIV*, Paris, novembro-dezembro de 1995. (N.A.)

Conclusão

O vinho pertence ao patrimônio da humanidade

Nascida há sete mil anos no sopé das montanhas míticas do Cáucaso, a vinha selvagem foi domesticada e cultivada na Mesopotâmia e logo se espalhou por toda a bacia mediterrânica, antes de cruzar o oceano em busca de novos territórios. Seguindo assim um percurso quase solar, de leste a oeste, a rota do vinho seguiu a marcha das civilizações do Antigo e do Novo Mundo.

Ao longo de sua história, o vinho foi muitas vezes considerado um mito, uma mística, um santo licor, uma festa, uma arte de viver, uma ligação entre os homens, uma bebida nacional e mundial, um criador de poder e uma fonte do mesmo, mas sempre foi considerado uma bebida civilizatória que mereceria estar inscrita no patrimônio mundial da UNESCO.

Bibliografia

(As obras que aparecem em referências ao longo do texto não são aqui citadas, bem como aquelas que constituem a bibliografia do livro *Le vins de France*, da coleção "Que sais-je?", nº 208.)

GARRIER, G. *Histoire sociale et culturelle du vin*. Paris: Éditions Bordas, 1995.

GAUTIER, J.-F. *Droit viti-vinicole*. Bordeaux: Éditions LCF, 1985. (Coleção "Le Vin et la Plume".)

______. *Le vin à travers les âges*. Bordeaux: Éditions LCF, 1989. (Coleção "Le Vin et la Plume".)

______. *Histoire du vin*. Paris: PUF, 1992 (2. ed., 1996). (Coleção "Que sais-je?", n. 2676.)

______. *Les vins de France*. Paris: PUF,1993 (2. ed., 2002). (Coleção "Que sais-je?", n. 208.)

______. *Le vin et ses fraudes*. Paris: PUF, 1995. (Coleção "Que sais-je?", n. 3001.)

______. *La civilisation du vin*. Paris, PUF, 1997. (Coleção "Que sais-je?", n. 3296.)

______. *Le vin, de la mythologie à l'œnologie – L'esprit d'une civilisation*. Bordeaux: Éditions Féret, 2003. (Coleção "Connaissance du Monde du Vin").

______. *Les mots du bistrot – Le taste-mot de A à Z*. Toulon: Éditions les Presses du Midi, 2004.

GRIFFE, M.; MEHEUT, J.-P. *Le vin, 50 siècles de passion. Approche d'une chronologie*. Le Cannet: TSH, 1997. (Coleção "Université du vin et OIV").

LACHIVER, M. *Vins, vignes et vignerons – histoire du vignoble français*. Paris: Éditions Fayard, 1988.

NIEDERBACHER, A. *Le vin dans la Communauté européenne*. Luxemburgo: Office des Publications officielles des Communautés européennes, 1988.

PIGEAT, J.-P. (dir.) *Les paysages de la vigne*. Paris: Éditions Solar, 2000.

VIDAL, M. *Histoire de la vigne et des vins dans le monde (XIXe-XXe siècle)*. Bordeaux: Éditions Féret, 2001.

ORGANIZAÇÃO Internacional da Vinha e do Vinho (viticultura, enologia, economia, direito vitivinícola, vinho e saúde). Disponível em: <http://www.oiv.int>.

SÉRIE **L&PM** POCKET **PLUS**

24 horas na vida de uma mulher – Stefan Zweig
Alves & Cia. – Eça de Queiroz
À paz perpétua – Immanuel Kant
As melhores histórias de Sherlock Holmes – Arthur Conan Doyle
Bartleby, o escriturário – Herman Melville
Cartas a um jovem poeta – Rainer Maria Rilke
Cartas portuguesas – Mariana Alcoforado
Cartas do Yage – William Burroughs e Allen Ginsberg
Continhos galantes – Dalton Trevisan
Dr. Negro e outras histórias de terror – Arthur Conan Doyle
Esboço para uma teoria das emoções – Jean-Paul Sartre
Juventude – Joseph Conrad
Libelo contra a arte moderna – Salvador Dalí
Liberdade, liberdade – Millôr Fernandes e Flávio Rangel
Mulher no escuro – Dashiell Hammett
No que acredito – Bertrand Russell
Noites brancas – Fiódor Dostoiévski
O casamento do céu e do inferno – William Blake
O coronel Chabert seguido de A mulher abandonada – Balzac
O diamante do tamanho do Ritz – F. Scott Fitzgerald
O gato por dentro – William S. Burroughs
O juiz e seu carrasco – Friedrich Durrenmatt
O teatro do bem e do mal – Eduardo Galeano
O terceiro homem – Graham Greene
Poemas escolhidos – Emily Dickinson
Primeiro amor – Ivan Turguêniev
Senhor e servo e outras histórias – Tolstói
Sobre a brevidade da vida – Sêneca
Sobre a inspiração poética & Sobre a mentira – Platão
Sonetos para amar o amor – Luís Vaz de Camões
Trabalhos de amor perdidos – William Shakespeare
Tristessa – Jack Kerouac
Uma temporada no inferno – Arthur Rimbaud
Vathek – William Beckford

Coleção **L&PM** POCKET

1.**Catálogo geral da Coleção**
2.**Poesias** – Fernando Pessoa
3.**O livro dos sonetos** – org. Sergio Faraco
4.**Hamlet** – Shakespeare / trad. Millôr
5.**Isadora, frag. autobiográficos** – Isadora Duncan
6.**Histórias sicilianas** – G. Lampedusa
7.**O relato de Arthur Gordon Pym** – Edgar A. Poe
8.**A mulher mais linda da cidade** – Bukowski
9.**O fim de Montezuma** – Hernan Cortez
10.**A ninfomania** – D. T. Bienville
11.**As aventuras de Robinson Crusoé** – D. Defoe
12.**Histórias de amor** – A. Bioy Casares
13.**Armadilha mortal** – Roberto Arlt
14.**Contos de fantasmas** – Daniel Defoe
15.**Os pintores cubistas** – G. Apollinaire
16.**A morte de Ivan Ilitch** – L.Tolstói
17.**A desobediência civil** – D. H. Thoreau
18.**Liberdade, liberdade** – F. Rangel e M. Fernandes
19.**Cem sonetos de amor** – Pablo Neruda
20.**Mulheres** – Eduardo Galeano
21.**Cartas a Théo** – Van Gogh
22.**Don Juan** – Molière / Trad. Millôr Fernandes
24.**Horla** – Guy de Maupassant
25.**O caso de Charles Dexter Ward** – Lovecraft
26.**Vathek** – William Beckford
27.**Hai-Kais** – Millôr Fernandes
28.**Adeus, minha adorada** – Raymond Chandler
29.**Cartas portuguesas** – Mariana Alcoforado
30.**A mensageira das violetas** – Florbela Espanca
31.**Espumas flutuantes** – Castro Alves
32.**Dom Casmurro** – Machado de Assis
34.**Alves & Cia.** – Eça de Queiroz
35.**Uma temporada no inferno** – A. Rimbaud
36.**A corresp. de Fradique Mendes** – Eça de Queiroz
38.**Antologia poética** – Olavo Bilac
39.**O rei Lear** – Shakespeare
40.**Memórias póstumas de Brás Cubas** – Machado de Assis
41.**Que loucura!** – Woody Allen
42.**O duelo** – Casanova
44.**Gentidades** – Darcy Ribeiro
45.**Memórias de um Sargento de Milícias** – Manuel Antônio de Almeida
46.**Os escravos** – Castro Alves
47.**O desejo pego pelo rabo** – Pablo Picasso
48.**Os inimigos** – Máximo Gorki
49.**O colar de veludo** – Alexandre Dumas
50.**Livro dos bichos** – Vários
51.**Quincas Borba** – Machado de Assis
53.**O exército de um homem só** – Moacyr Scliar
54.**Frankenstein** – Mary Shelley
55.**Dom Segundo Sombra** – Ricardo Güiraldes
56.**De vagões e vagabundos** – Jack London
57.**O homem bicentenário** – Isaac Asimov
58.**A viuvinha** – José de Alencar
59.**Livro das cortesãs** – org. de Sergio Faraco
60.**Últimos poemas** – Pablo Neruda
61.**A moreninha** – Joaquim Manuel de Macedo
62.**Cinco minutos** – José de Alencar
63.**Saber envelhecer e a amizade** – Cícero
64.**Enquanto a noite não chega** – J. Guimarães
65.**Tufão** – Joseph Conrad
66.**Aurélia** – Gérard de Nerval
67.**I-Juca-Pirama** – Gonçalves Dias
68.**Fábulas** – Esopo
69.**Teresa Filósofa** – Anônimo do Séc. XVIII
70.**Avent. inéditas de Sherlock Holmes** – Arthur Conan Doyle
71.**Quintana de bolso** – Mario Quintana
72.**Antes e depois** – Paul Gauguin
73.**A morte de Olivier Bécaille** – Émile Zola
74.**Iracema** – José de Alencar
75.**Iaiá Garcia** – Machado de Assis
76.**Utopia** – Tomás Morus
77.**Sonetos para amar o amor** – Camões
78.**Carmem** – Prosper Mérimée
79.**Senhora** – José de Alencar
80.**Hagar, o horrível 1** – Dik Browne
81.**O coração das trevas** – Joseph Conrad
82.**Um estudo em vermelho** – Arthur Conan Doyle
83.**Todos os sonetos** – Augusto dos Anjos
84.**A propriedade é um roubo** – P.-J. Proudhon
85.**Drácula** – Bram Stoker
86.**O marido complacente** – Sade
87.**De profundis** – Oscar Wilde
88.**Sem plumas** – Woody Allen
89.**Os bruzundangas** – Lima Barreto
90.**O cão dos Baskervilles** – Arthur Conan Doyle
91.**Paraísos artificiais** – Charles Baudelaire
92.**Cândido, ou o otimismo** – Voltaire
93.**Triste fim de Policarpo Quaresma** – Lima Barreto
94.**Amor de perdição** – Camilo Castelo Branco
95.**A megera domada** – Shakespeare / trad. Millôr
96.**O mulato** – Aluísio Azevedo
97.**O alienista** – Machado de Assis
98.**O livro dos sonhos** – Jack Kerouac
99.**Noite na taverna** – Álvares de Azevedo
100.**Aura** – Carlos Fuentes
102.**Contos gauchescos e Lendas do sul** – Simões Lopes Neto
103.**O cortiço** – Aluísio Azevedo
104.**Marília de Dirceu** – T. A. Gonzaga
105.**O Primo Basílio** – Eça de Queiroz
106.**O ateneu** – Raul Pompéia
107.**Um escândalo na Boêmia** – Arthur Conan Doyle
108.**Contos** – Machado de Assis
109.**200 Sonetos** – Luis Vaz de Camões
110.**O príncipe** – Maquiavel
111.**A escrava Isaura** – Bernardo Guimarães
112.**O solteirão nobre** – Conan Doyle
114.**Shakespeare de A a Z** – Shakespeare

115.**A relíquia** – Eça de Queiroz
117.**Livro do corpo** – Vários
118.**Lira dos 20 anos** – Álvares de Azevedo
119.**Esaú e Jacó** – Machado de Assis
120.**A barcarola** – Pablo Neruda
121.**Os conquistadores** – Júlio Verne
122.**Contos breves** – G. Apollinaire
123.**Taipi** – Herman Melville
124.**Livro dos desaforos** – org. de Sergio Faraco
125.**A mão e a luva** – Machado de Assis
126.**Doutor Miragem** – Moacyr Scliar
127.**O penitente** – Isaac B. Singer
128.**Diários da descoberta da América** – Cristóvão Colombo
129.**Édipo Rei** – Sófocles
130.**Romeu e Julieta** – Shakespeare
131.**Hollywood** – Bukowski
132.**Billy the Kid** – Pat Garrett
133.**Cuca fundida** – Woody Allen
134.**O jogador** – Dostoiévski
135.**O livro da selva** – Rudyard Kipling
136.**O vale do terror** – Arthur Conan Doyle
137.**Dançar tango em Porto Alegre** – S. Faraco
138.**O gaúcho** – Carlos Reverbel
139.**A volta ao mundo em oitenta dias** – J. Verne
140.**O livro dos esnobes** – W. M. Thackeray
141.**Amor & morte em Poodle Springs** – Raymond Chandler & R. Parker
142.**As aventuras de David Balfour** – Stevenson
143.**Alice no país das maravilhas** – Lewis Carroll
144.**A ressurreição** – Machado de Assis
145.**Inimigos, uma história de amor** – I. Singer
146.**O Guarani** – José de Alencar
147.**A cidade e as serras** – Eça de Queiroz
148.**Eu e outras poesias** – Augusto dos Anjos
149.**A mulher de trinta anos** – Balzac
150.**Pomba enamorada** – Lygia F. Telles
151.**Contos fluminenses** – Machado de Assis
152.**Antes de Adão** – Jack London
153.**Intervalo amoroso** – A.Romano de Sant'Anna
154.**Memorial de Aires** – Machado de Assis
155.**Naufrágios e comentários** – Cabeza de Vaca
156.**Ubirajara** – José de Alencar
157.**Textos anarquistas** – Bakunin
159.**Amor de salvação** – Camilo Castelo Branco
160.**O gaúcho** – José de Alencar
161.**O livro das maravilhas** – Marco Polo
162.**Inocência** – Visconde de Taunay
163.**Helena** – Machado de Assis
164.**Uma estação de amor** – Horácio Quiroga
165.**Poesia reunida** – Martha Medeiros
166.**Memórias de Sherlock Holmes** – Conan Doyle
167.**A vida de Mozart** – Stendhal
168.**O primeiro terço** – Neal Cassady
169.**O mandarim** – Eça de Queiroz
170.**Um espinho de marfim** – Marina Colasanti
171.**A ilustre Casa de Ramires** – Eça de Queiroz
172.**Lucíola** – José de Alencar
173.**Antígona** – Sófocles – trad. Donaldo Schüler
174.**Otelo** – William Shakespeare
175.**Antologia** – Gregório de Matos
176.**A liberdade de imprensa** – Karl Marx
177.**Casa de pensão** – Aluísio Azevedo
178.**São Manuel Bueno, Mártir** – Unamuno
179.**Primaveras** – Casimiro de Abreu
180.**O noviço** – Martins Pena
181.**O sertanejo** – José de Alencar
182.**Eurico, o presbítero** – Alexandre Herculano
183.**O signo dos quatro** – Conan Doyle
184.**Sete anos no Tibet** – Heinrich Harrer
185.**Vagamundo** – Eduardo Galeano
186.**De repente acidentes** – Carl Solomon
187.**As minas de Salomão** – Rider Haggar
188.**Uivo** – Allen Ginsberg
189.**A ciclista solitária** – Conan Doyle
190.**Os seis bustos de Napoleão** – Conan Doyle
191.**Cortejo do divino** – Nelida Piñon
194.**Os crimes do amor** – Marquês de Sade
195.**Besame Mucho** – Mário Prata
196.**Tuareg** – Alberto Vázquez-Figueroa
197.**O longo adeus** – Raymond Chandler
199.**Notas de um velho safado** – Bukowski
200.**111 ais** – Dalton Trevisan
201.**O nariz** – Nicolai Gogol
202.**O capote** – Nicolai Gogol
203.**Macbeth** – William Shakespeare
204.**Heráclito** – Donaldo Schüler
205.**Você deve desistir, Osvaldo** – Cyro Martins
206.**Memórias de Garibaldi** – A. Dumas
207.**A arte da guerra** – Sun Tzu
208.**Fragmentos** – Caio Fernando Abreu
209.**Festa no castelo** – Moacyr Scliar
210.**O grande deflorador** – Dalton Trevisan
212.**Homem do princípio ao fim** – Millôr Fernandes
213.**Aline e seus dois namorados (1)** – A. Iturrusgarai
214.**A juba do leão** – Sir Arthur Conan Doyle
215.**Assassino metido a esperto** – R. Chandler
216.**Confissões de um comedor de ópio** – Thomas De Quincey
217.**Os sofrimentos do jovem Werther** – Goethe
218.**Fedra** – Racine / Trad. Millôr Fernandes
219.**O vampiro de Sussex** – Conan Doyle
220.**Sonho de uma noite de verão** – Shakespeare
221.**Dias e noites de amor e de guerra** – Galeano
222.**O Profeta** – Khalil Gibran
223.**Flávia, cabeça, tronco e membros** – M. Fernandes
224.**Guia da ópera** – Jeanne Suhamy
225.**Macário** – Álvares de Azevedo
226.**Etiqueta na prática** – Celia Ribeiro
227.**Manifesto do partido comunista** – Marx & Engels
228.**Poemas** – Millôr Fernandes
229.**Um inimigo do povo** – Henrik Ibsen
230.**O paraíso destruído** – Frei B. de las Casas
231.**O gato no escuro** – Josué Guimarães
232.**O mágico de Oz** – L. Frank Baum
233.**Armas no Cyrano's** – Raymond Chandler
234.**Max e os felinos** – Moacyr Scliar
235.**Nos céus de Paris** – Alcy Cheuiche
236.**Os bandoleiros** – Schiller

237.**A primeira coisa que eu botei na boca** – Deonísio da Silva
238.**As aventuras de Simbad, o marújo**
239.**O retrato de Dorian Gray** – Oscar Wilde
240.**A carteira de meu tio** – J. Manuel de Macedo
241.**A luneta mágica** – J. Manuel de Macedo
242.**A metamorfose** – Kafka
243.**A flecha de ouro** – Joseph Conrad
244.**A ilha do tesouro** – R. L. Stevenson
245.**Marx - Vida & Obra** – José A. Giannotti
246.**Gênesis**
247.**Unidos para sempre** – Ruth Rendell
248.**A arte de amar** – Ovídio
249.**O sono eterno** – Raymond Chandler
250.**Novas receitas do Anonymus Gourmet** – J.A.P.M.
251.**A nova catacumba** – Arthur Conan Doyle
252.**Dr. Negro** – Arthur Conan Doyle
253.**Os voluntários** – Moacyr Scliar
254.**A bela adormecida** – Irmãos Grimm
255.**O príncipe sapo** – Irmãos Grimm
256.**Confissões** *e* **Memórias** – H. Heine
257.**Viva o Alegrete** – Sergio Faraco
258.**Vou estar esperando** – R. Chandler
259.**A senhora Beate e seu filho** – Schnitzler
260.**O ovo apunhalado** – Caio Fernando Abreu
261.**O ciclo das águas** – Moacyr Scliar
262.**Millôr Definitivo** – Millôr Fernandes
264.**Viagem ao centro da Terra** – Júlio Verne
265.**A dama do lago** – Raymond Chandler
266.**Caninos brancos** – Jack London
267.**O médico e o monstro** – R. L. Stevenson
268.**A tempestade** – William Shakespeare
269.**Assassinatos na rua Morgue** – E. Allan Poe
270.**99 corruíras nanicas** – Dalton Trevisan
271.**Broquéis** – Cruz e Sousa
272.**Mês de cães danados** – Moacyr Scliar
273.**Anarquistas – vol. 1 – A idéia** – G.Woodcock
274.**Anarquistas – vol. 2 – O movimento** – G.Woodcock
275.**Pai e filho, filho e pai** – Moacyr Scliar
276.**As aventuras de Tom Sawyer** – Mark Twain
277.**Muito barulho por nada** – W. Shakespeare
278.**Elogio da loucura** – Erasmo
279.**Autobiografia de Alice B. Toklas** – G. Stein
280.**O chamado da floresta** – J. London
281.**Uma agulha para o diabo** – Ruth Rendell
282.**Verdes vales do fim do mundo** – A. Bivar
283.**Ovelhas negras** – Caio Fernando Abreu
284.**O fantasma de Canterville** – O. Wilde
285.**Receitas de Yayá Ribeiro** – Celia Ribeiro
286.**A galinha degolada** – H. Quiroga
287.**O último adeus de Sherlock Holmes** – A. Conan Doyle
288.**A. Gourmet** ***em*** **Histórias de cama & mesa** – J. A. Pinheiro Machado
289.**Topless** – Martha Medeiros
290.**Mais receitas do Anonymus Gourmet** – J. A. Pinheiro Machado
291.**Origens do discurso democrático** – D. Schüler
292.**Humor politicamente incorreto** – Nani
293.**O teatro do bem e do mal** – E. Galeano
294.**Garibaldi & Manoela** – J. Guimarães
295.**10 dias que abalaram o mundo** – John Reed
296.**Numa fria** – Bukowski
297.**Poesia de Florbela Espanca** vol. 1
298.**Poesia de Florbela Espanca** vol. 2
299.**Escreva certo** – E. Oliveira e M. E. Bernd
300.**O vermelho e o negro** – Stendhal
301.**Ecce homo** – Friedrich Nietzsche
302(7).**Comer bem, sem culpa** – Dr. Fernando Lucchese, A. Gourmet e Iotti
303.**O livro de Cesário Verde** – Cesário Verde
305.**100 receitas de macarrão** – S. Lancellotti
306.**160 receitas de molhos** – S. Lancellotti
307.**100 receitas light** – H. e Â. Tonetto
308.**100 receitas de sobremesas** – Celia Ribeiro
309.**Mais de 100 dicas de churrasco** – Leon Diziekaniak
310.**100 receitas de acompanhamentos** – C. Cabeda
311.**Honra ou vendetta** – S. Lancellotti
312.**A alma do homem sob o socialismo** – Oscar Wilde
313.**Tudo sobre Yôga** – Mestre De Rose
314.**Os varões assinalados** – Tabajara Ruas
315.**Édipo em Colono** – Sófocles
316.**Lisístrata** – Aristófanes / trad. Millôr
317.**Sonhos de Bunker Hill** – John Fante
318.**Os deuses de Raquel** – Moacyr Scliar
319.**O colosso de Marússia** – Henry Miller
320.**As eruditas** – Molière / trad. Millôr
321.**Radicci 1** – Iotti
322.**Os Sete contra Tebas** – Ésquilo
323.**Brasil Terra à vista** – Eduardo Bueno
324.**Radicci 2** – Iotti
325.**Júlio César** – William Shakespeare
326.**A carta de Pero Vaz de Caminha**
327.**Cozinha Clássica** – Sílvio Lancellotti
328.**Madame Bovary** – Gustave Flaubert
329.**Dicionário do viajante insólito** – M. Scliar
330.**O capitão saiu para o almoço...** – Bukowski
331.**A carta roubada** – Edgar Allan Poe
332.**É tarde para saber** – Josué Guimarães
333.**O livro de bolso da Astrologia** – Maggy Harrisonx e Mellina Li
334.**1933 foi um ano ruim** – John Fante
335.**100 receitas de arroz** – Aninha Comas
336.**Guia prático do Português correto – vol. 1** – Cláudio Moreno
337.**Bartleby, o escriturário** – H. Melville
338.**Enterrem meu coração na curva do rio** – Dee Brown
339.**Um conto de Natal** – Charles Dickens
340.**Cozinha sem segredos** – J. A. P. Machado
341.**A dama das Camélias** – A. Dumas Filho
342.**Alimentação saudável** – H. e Â. Tonetto
343.**Continhos galantes** – Dalton Trevisan
344.**A Divina Comédia** – Dante Alighieri
345.**A Dupla Sertanojo** – Santiago
346.**Cavalos do amanhecer** – Mario Arregui
347.**Biografia de Vincent van Gogh por sua cunhada** – Jo van Gogh-Bonger

348.**Radicci 3** – Iotti
349.**Nada de novo no front** – E. M. Remarque
350.**A hora dos assassinos** – Henry Miller
351.**Flush – Memórias de um cão** – Virginia Woolf
352.**A guerra no Bom Fim** – M. Scliar
353(1).**O caso Saint-Fiacre** – Simenon
354(2).**Morte na alta sociedade** – Simenon
355(3).**O cão amarelo** – Simenon
356(4).**Maigret e o homem do banco** – Simenon
357.**As uvas e o vento** – Pablo Neruda
358.**On the road** – Jack Kerouac
359.**O coração amarelo** – Pablo Neruda
360.**Livro das perguntas** – Pablo Neruda
361.**Noite de Reis** – William Shakespeare
362.**Manual de Ecologia** – vol.1 – J. Lutzenberger
363.**O mais longo dos dias** – Cornelius Ryan
364.**Foi bom prá você?** – Nani
365.**Crepusculário** – Pablo Neruda
366.**A comédia dos erros** – Shakespeare
367(5).**A primeira investigação de Maigret** – Simenon
368(6).**As férias de Maigret** – Simenon
369.**Mate-me por favor (vol.1)** – L. McNeil
370.**Mate-me por favor (vol.2)** – L. McNeil
371.**Carta ao pai** – Kafka
372.**Os vagabundos iluminados** – J. Kerouac
373(7).**O enforcado** – Simenon
374(8).**A fúria de Maigret** – Simenon
375.**Vargas, uma biografia política** – H. Silva
376.**Poesia reunida (vol.1)** – A. R. de Sant'Anna
377.**Poesia reunida (vol.2)** – A. R. de Sant'Anna
378.**Alice no país do espelho** – Lewis Carroll
379.**Residência na Terra 1** – Pablo Neruda
380.**Residência na Terra 2** – Pablo Neruda
381.**Terceira Residência** – Pablo Neruda
382.**O delírio amoroso** – Bocage
383.**Futebol ao sol e à sombra** – E. Galeano
384(9).**O porto das brumas** – Simenon
385(10).**Maigret e seu morto** – Simenon
386.**Radicci 4** – Iotti
387.**Boas maneiras & sucesso nos negócios** – Celia Ribeiro
388.**Uma história Farroupilha** – M. Scliar
389.**Na mesa ninguém envelhece** – J. A. Pinheiro Machado
390.**200 receitas inéditas do Anonymus Gourmet** – J. A. Pinheiro Machado
391.**Guia prático do Português correto – vol.2** – Cláudio Moreno
392.**Breviário das terras do Brasil** – Assis Brasil
393.**Cantos Cerimoniais** – Pablo Neruda
394.**Jardim de Inverno** – Pablo Neruda
395.**Antonio e Cleópatra** – William Shakespeare
396.**Tróia** – Cláudio Moreno
397.**Meu tio matou um cara** – Jorge Furtado
398.**O anatomista** – Federico Andahazi
399.**As viagens de Gulliver** – Jonathan Swift
400.**Dom Quixote** – (v. 1) – Miguel de Cervantes
401.**Dom Quixote** – (v. 2) – Miguel de Cervantes
402.**Sozinho no Pólo Norte** – Thomaz Brandolin
403.**Matadouro 5** – Kurt Vonnegut
404.**Delta de Vênus** – Anaïs Nin
405.**O melhor de Hagar 2** – Dik Browne
406.**É grave Doutor?** – Nani
407.**Orai pornô** – Nani
408(11).**Maigret em Nova York** – Simenon
409(12).**O assassino sem rosto** – Simenon
410(13).**O mistério das jóias roubadas** – Simenon
411.**A irmãzinha** – Raymond Chandler
412.**Três contos** – Gustave Flaubert
413.**De ratos e homens** – John Steinbeck
414.**Lazarilho de Tormes** – Anônimo do séc. XVI
415.**Triângulo das águas** – Caio Fernando Abreu
416.**100 receitas de carnes** – Sílvio Lancellotti
417.**Histórias de robôs:** vol. 1 – org. Isaac Asimov
418.**Histórias de robôs:** vol. 2 – org. Isaac Asimov
419.**Histórias de robôs:** vol. 3 – org. Isaac Asimov
420.**O país dos centauros** – Tabajara Ruas
421.**A república de Anita** – Tabajara Ruas
422.**A carga dos lanceiros** – Tabajara Ruas
423.**Um amigo de Kafka** – Isaac Singer
424.**As alegres matronas de Windsor** – Shakespeare
425.**Amor e exílio** – Isaac Bashevis Singer
426.**Use & abuse do seu signo** – Marília Fiorillo e Marylou Simonsen
427.**Pigmaleão** – Bernard Shaw
428.**As fenícias** – Eurípides
429.**Everest** – Thomaz Brandolin
430.**A arte de furtar** – Anônimo do séc. XVI
431.**Billy Bud** – Herman Melville
432.**A rosa separada** – Pablo Neruda
433.**Elegia** – Pablo Neruda
434.**A garota de Cassidy** – David Goodis
435.**Como fazer a guerra: máximas de Napoleão** – Balzac
436.**Poemas escolhidos** – Emily Dickinson
437.**Gracias por el fuego** – Mario Benedetti
438.**O sofá** – Crébillon Fils
439.**O "Martín Fierro"** – Jorge Luis Borges
440.**Trabalhos de amor perdidos** – W. Shakespeare
441.**O melhor de Hagar 3** – Dik Browne
442.**Os Maias (volume1)** – Eça de Queiroz
443.**Os Maias (volume2)** – Eça de Queiroz
444.**Anti-Justine** – Restif de La Bretonne
445.**Juventude** – Joseph Conrad
446.**Contos** – Eça de Queiroz
447.**Janela para a morte** – Raymond Chandler
448.**Um amor de Swann** – Marcel Proust
449.**À paz perpétua** – Immanuel Kant
450.**A conquista do México** – Hernan Cortez
451.**Defeitos escolhidos e 2000** – Pablo Neruda
452.**O casamento do céu e do inferno** – William Blake
453.**A primeira viagem ao redor do mundo** – Antonio Pigafetta
454(14).**Uma sombra na janela** – Simenon
455(15).**A noite da encruzilhada** – Simenon
456(16).**A velha senhora** – Simenon
457.**Sartre** – Annie Cohen-Solal

458.**Discurso do método** – René Descartes
459.**Garfield em grande forma (1)** – Jim Davis
460.**Garfield está de dieta** (2) – Jim Davis
461.**O livro das feras** – Patricia Highsmith
462.**Viajante solitário** – Jack Kerouac
463.**Auto da barca do inferno** – Gil Vicente
464.**O livro vermelho dos pensamentos de Millôr** – Millôr Fernandes
465.**O livro dos abraços** – Eduardo Galeano
466.**Voltaremos!** – José Antonio Pinheiro Machado
467.**Rango** – Edgar Vasques
468(8).**Dieta mediterrânea** – Dr. Fernando Lucchese e José Antonio Pinheiro Machado
469.**Radicci 5** – Iotti
470.**Pequenos pássaros** – Anaïs Nin
471.**Guia prático do Português correto – vol.3** – Cláudio Moreno
472.**Atire no pianista** – David Goodis
473.**Antologia Poética** – García Lorca
474.**Alexandre e César** – Plutarco
475.**Uma espiã na casa do amor** – Anaïs Nin
476.**A gorda do Tiki Bar** – Dalton Trevisan
477.**Garfield um gato de peso (3)** – Jim Davis
478.**Canibais** – David Coimbra
479.**A arte de escrever** – Arthur Schopenhauer
480.**Pinóquio** – Carlo Collodi
481.**Misto-quente** – Bukowski
482.**A lua na sarjeta** – David Goodis
483.**O melhor do Recruta Zero (1)** – Mort Walker
484.**Aline: TPM – tensão pré-monstrual (2)** – Adão Iturrusgarai
485.**Sermões do Padre Antonio Vieira**
486.**Garfield numa boa (4)** – Jim Davis
487.**Mensagem** – Fernando Pessoa
488.**Vendeta** *seguido de* **A paz conjugal** – Balzac
489.**Poemas de Alberto Caeiro** – Fernando Pessoa
490.**Ferragus** – Honoré de Balzac
491.**A duquesa de Langeais** – Honoré de Balzac
492.**A menina dos olhos de ouro** – Honoré de Balzac
493.**O lírio do vale** – Honoré de Balzac
494(17).**A barcaça da morte** – Simenon
495(18).**As testemunhas rebeldes** – Simenon
496(19).**Um engano de Maigret** – Simenon
497(1).**A noite das bruxas** – Agatha Christie
498(2).**Um passe de mágica** – Agatha Christie
499(3).**Nêmesis** – Agatha Christie
500.**Esboço para uma teoria das emoções** – Sartre
501.**Renda básica de cidadania** – Eduardo Suplicy
502(1).**Pílulas para viver melhor** – Dr. Lucchese
503(2).**Pílulas para prolongar a juventude** – Dr. Lucchese
504(3).**Desembarcando o diabetes** – Dr. Lucchese
505(4).**Desembarcando o sedentarismo** – Dr. Fernando Lucchese e Cláudio Castro
506(5).**Desembarcando a hipertensão** – Dr. Lucchese
507(6).**Desembarcando o colesterol** – Dr. Fernando Lucchese e Fernanda Lucchese
508.**Estudos de mulher** – Balzac
509.**O terceiro tira** – Flann O'Brien
510.**100 receitas de aves e ovos** – J. A. P. Machado
511.**Garfield em toneladas de diversão** (5) – Jim Davis
512.**Trem-bala** – Martha Medeiros
513.**Os cães ladram** – Truman Capote
514.**O Kama Sutra de Vatsyayana**
515.**O crime do Padre Amaro** – Eça de Queiroz
516.**Odes de Ricardo Reis** – Fernando Pessoa
517.**O inverno da nossa desesperança** – Steinbeck
518.**Piratas do Tietê (1)** – Laerte
519.**Rê Bordosa: do começo ao fim** – Angeli
520.**O Harlem é escuro** – Chester Himes
521.**Café-da-manhã dos campeões** – Kurt Vonnegut
522.**Eugénie Grandet** – Balzac
523.**O último magnata** – F. Scott Fitzgerald
524.**Carol** – Patricia Highsmith
525.**100 receitas de patisseria** – Sílvio Lancellotti
526.**O fator humano** – Graham Greene
527.**Tristessa** – Jack Kerouac
528.**O diamante do tamanho do Ritz** – Scott Fitzgerald
529.**As melhores histórias de Sherlock Holmes** – Arthur Conan Doyle
530.**Cartas a um jovem poeta** – Rilke
531(20).**Memórias de Maigret** – Simenon
532(4).**O misterioso sr. Quin** – Agatha Christie
533.**Os analectos** – Confúcio
534(21).**Maigret e os homens de bem** – Simenon
535(22).**O medo de Maigret** – Simenon
536.**Ascensão e queda de César Birotteau** – Balzac
537.**Sexta-feira negra** – David Goodis
538.**Ora bolas – O humor de Mario Quintana** – Juarez Fonseca
539.**Longe daqui aqui mesmo** – Antonio Bivar
540(5).**É fácil matar** – Agatha Christie
541.**O pai Goriot** – Balzac
542.**Brasil, um país do futuro** – Stefan Zweig
543.**O processo** – Kafka
544.**O melhor de Hagar 4** – Dik Browne
545(6).**Por que não pediram a Evans?** – Agatha Christie
546.**Fanny Hill** – John Cleland
547.**O gato por dentro** – William S. Burroughs
548.**Sobre a brevidade da vida** – Sêneca
549.**Geraldão (1)** – Glauco
550.**Piratas do Tietê (2)** – Laerte
551.**Pagando o pato** – Ciça
552.**Garfield de bom humor (6)** – Jim Davis
553.**Conhece o Mário?** vol.1 – Santiago
554.**Radicci 6** – Iotti
555.**Os subterrâneos** – Jack Kerouac
556(1).**Balzac** – François Taillandier
557(2).**Modigliani** – Christian Parisot
558(3).**Kafka** – Gérard-Georges Lemaire
559(4).**Júlio César** – Joël Schmidt
560.**Receitas da família** – J. A. Pinheiro Machado
561.**Boas maneiras à mesa** – Celia Ribeiro
562(9).**Filhos sadios, pais felizes** – R. Pagnoncelli

563(10).**Fatos & mitos** – Dr. Fernando Lucchese
564.**Ménage à trois** – Paula Taitelbaum
565.**Mulheres!** – David Coimbra
566.**Poemas de Álvaro de Campos** – Fernando Pessoa
567.**Medo e outras histórias** – Stefan Zweig
568.**Snoopy e sua turma (1)** – Schulz
569.**Piadas para sempre (1)** – Visconde da Casa Verde
570.**O alvo móvel** – Ross Macdonald
571.**O melhor do Recruta Zero (2)** – Mort Walker
572.**Um sonho americano** – Norman Mailer
573.**Os broncos também amam** – Angeli
574.**Crônica de um amor louco** – Bukowski
575(5).**Freud** – René Major e Chantal Talagrand
576(6).**Picasso** – Gilles Plazy
577(7).**Gandhi** – Christine Jordis
578.**A tumba** – H. P. Lovecraft
579.**O príncipe e o mendigo** – Mark Twain
580.**Garfield, um charme de gato (7)** – Jim Davis
581.**Ilusões perdidas** – Balzac
582.**Esplendores e misérias das cortesãs** – Balzac
583.**Walter Ego** – Angeli
584.**Striptiras (1)** – Laerte
585.**Fagundes: um puxa-saco de mão cheia** – Laerte
586.**Depois do último trem** – Josué Guimarães
587.**Ricardo III** – Shakespeare
588.**Dona Anja** – Josué Guimarães
589.**24 horas na vida de uma mulher** – Stefan Zweig
590.**O terceiro homem** – Graham Greene
591.**Mulher no escuro** – Dashiell Hammett
592.**No que acredito** – Bertrand Russell
593.**Odisséia (1): Telemaquia** – Homero
594.**O cavalo cego** – Josué Guimarães
595.**Henrique V** – Shakespeare
596.**Fabulário geral do delírio cotidiano** – Bukowski
597.**Tiros na noite 1: A mulher do bandido** – Dashiell Hammett
598.**Snoopy em Feliz Dia dos Namorados! (2)** – Schulz
599.**Mas não se matam cavalos?** – Horace McCoy
600.**Crime e castigo** – Dostoiévski
601(7).**Mistério no Caribe** – Agatha Christie
602.**Odisséia (2): Regresso** – Homero
603.**Piadas para sempre (2)** – Visconde da Casa Verde
604.**À sombra do vulcão** – Malcolm Lowry
605(8).**Kerouac** – Yves Buin
606.**E agora são cinzas** – Angeli
607.**As mil e uma noites** – Paulo Caruso
608.**Um assassino entre nós** – Ruth Rendell
609.**Crack-up** – F. Scott Fitzgerald
610.**Do amor** – Stendhal
611.**Cartas do Yage** – William Burroughs e Allen Ginsberg
612.**Striptiras (2)** – Laerte
613.**Henry & June** – Anaïs Nin
614.**A piscina mortal** – Ross Macdonald
615.**Geraldão (2)** – Glauco
616.**Tempo de delicadeza** – A. R. de Sant'Anna
617.**Tiros na noite 2: Medo de tiro** – Dashiell Hammett
618.**Snoopy em Assim é a vida, Charlie Brown! (3)** – Schulz
619.**1954 – Um tiro no coração** – Hélio Silva
620.**Sobre a inspiração poética (Íon)** e ... – Platão
621.**Garfield e seus amigos (8)** – Jim Davis
622.**Odisséia (3): Ítaca** – Homero
623.**A louca matança** – Chester Himes
624.**Factótum** – Bukowski
625.**Guerra e Paz: volume 1** – Tolstói
626.**Guerra e Paz: volume 2** – Tolstói
627.**Guerra e Paz: volume 3** – Tolstói
628.**Guerra e Paz: volume 4** – Tolstói
629(9).**Shakespeare** – Claude Mourthé
630.**Bem está o que bem acaba** – Shakespeare
631.**O contrato social** – Rousseau
632.**Geração Beat** – Jack Kerouac
633.**Snoopy: É Natal! (4)** – Charles Schulz
634(8).**Testemunha da acusação** – Agatha Christie
635.**Um elefante no caos** – Millôr Fernandes
636.**Guia de leitura (100 autores que você precisa ler)** – Organização de Léa Masina
637.**Pistoleiros também mandam flores** – David Coimbra
638.**O prazer das palavras** – vol. 1 – Cláudio Moreno
639.**O prazer das palavras** – vol. 2 – Cláudio Moreno
640.**Novíssimo testamento: com Deus e o diabo, a dupla da criação** – Iotti
641.**Literatura Brasileira: modos de usar** – Luís Augusto Fischer
642.**Dicionário de Porto-Alegrês** – Luís A. Fischer
643.**Clô Dias & Noites** – Sérgio Jockymann
644.**Memorial de Isla Negra** – Pablo Neruda
645.**Um homem extraordinário e outras histórias** – Tchékhov
646.**Ana sem terra** – Alcy Cheuiche
647.**Adultérios** – Woody Allen
648.**Para sempre ou nunca mais** – R. Chandler
649.**Nosso homem em Havana** – Graham Greene
650.**Dicionário Caldas Aulete de Bolso**
651.**Snoopy: Posso fazer uma pergunta, professora? (5)** – Charles Schulz
652(10).**Luís XVI** – Bernard Vincent
653.**O mercador de Veneza** – Shakespeare
654.**Cancioneiro** – Fernando Pessoa
655.**Non-Stop** – Martha Medeiros
656.**Carpinteiros, levantem bem alto a cumeeira & Seymour, uma apresentação** – J.D.Salinger
657.**Ensaios céticos** – Bertrand Russell
658.**O melhor de Hagar 5** – Dik e Chris Browne
659.**Primeiro amor** – Ivan Turguêniev
660.**A trégua** – Mario Benedetti
661.**Um parque de diversões da cabeça** – Lawrence Ferlinghetti
662.**Aprendendo a viver** – Sêneca
663.**Garfield, um gato em apuros (9)** – Jim Davis

664.**Dilbert 1** – Scott Adams
665.**Dicionário de dificuldades** – Domingos Paschoal Cegalla
666.**A imaginação** – Jean-Paul Sartre
667.**O ladrão e os cães** – Naguib Mahfuz
668.**Gramática do português contemporâneo** – Celso Cunha
669.**A volta do parafuso** *seguido de* **Daisy Miller** – Henry James
670.**Notas do subsolo** – Dostoiévski
671.**Abobrinhas da Brasilônia** – Glauco
672.**Geraldão (3)** – Glauco
673.**Piadas para sempre (3)** – Visconde da Casa Verde
674.**Duas viagens ao Brasil** – Hans Staden
675.**Bandeira de bolso** – Manuel Bandeira
676.**A arte da guerra** – Maquiavel
677.**Além do bem e do mal** – Nietzsche
678.**O coronel Chabert** *seguido de* **A mulher abandonada** – Balzac
679.**O sorriso de marfim** – Ross Macdonald
680.**100 receitas de pescados** – Sílvio Lancellotti
681.**O juiz e seu carrasco** – Friedrich Dürrenmatt
682.**Noites brancas** – Dostoiévski
683.**Quadras ao gosto popular** – Fernando Pessoa
684.**Romanceiro da Inconfidência** – Cecília Meireles
685.**Kaos** – Millôr Fernandes
686.**A pele de onagro** – Balzac
687.**As ligações perigosas** – Choderlos de Laclos
688.**Dicionário de matemática** – Luiz Fernandes Cardoso
689.**Os Lusíadas** – Luís Vaz de Camões
690(11).**Átila** – Éric Deschodt
691.**Um jeito tranqüilo de matar** – Chester Himes
692.**A felicidade conjugal** *seguido de* **O diabo** – Tolstói
693.**Viagem de um naturalista ao redor do mundo** – vol. 1 – Charles Darwin
694.**Viagem de um naturalista ao redor do mundo** – vol. 2 – Charles Darwin
695.**Memórias da casa dos mortos** – Dostoiévski
696.**A Celestina** – Fernando de Rojas
697.**Snoopy: Como você é azarado, Charlie Brown! (6)** – Charles Schulz
698.**Dez (quase) amores** – Claudia Tajes
699(9).**Poirot sempre espera** – Agatha Christie
700.**Cecília de bolso** – Cecília Meireles
701.**Apologia de Sócrates** *precedido de* **Êutifron** e *seguido de* **Críton** – Platão
702.**Wood & Stock** – Angeli
703.**Striptiras (3)** – Laerte
704.**Discurso sobre a origem e os fundamentos da desigualdade entre os homens** – Rousseau
705.**Os duelistas** – Joseph Conrad
706.**Dilbert (2)** – Scott Adams
707.**Viver e escrever** (vol. 1) – Edla van Steen
708.**Viver e escrever** (vol. 2) – Edla van Steen
709.**Viver e escrever** (vol. 3) – Edla van Steen
710(10).**A teia da aranha** – Agatha Christie
711.**O banquete** – Platão
712.**Os belos e malditos** – F. Scott Fitzgerald
713.**Libelo contra a arte moderna** – Salvador Dalí
714.**Akropolis** – Valerio Massimo Manfredi
715.**Devoradores de mortos** – Michael Crichton
716.**Sob o sol da Toscana** – Frances Mayes
717.**Batom na cueca** – Nani
718.**Vida dura** – Claudia Tajes
719.**Carne trêmula** – Ruth Rendell
720.**Cris, a fera** – David Coimbra
721.**O anticristo** – Nietzsche
722.**Como um romance** – Daniel Pennac
723.**Emboscada no Forte Bragg** – Tom Wolfe
724.**Assédio sexual** – Michael Crichton
725.**O espírito do Zen** – Alan W.Watts
726.**Um bonde chamado desejo** – Tennessee Williams
727.**Como gostais** *seguido de* **Conto de inverno** – Shakespeare
728.**Tratado sobre a tolerância** – Voltaire
729.**Snoopy: Doces ou travessuras? (7)** – Charles Schulz
730.**Cardápios do Anonymus Gourmet** – J.A. Pinheiro Machado
731.**100 receitas com lata** – J.A. Pinheiro Machado
732.**Conhece o Mário?** vol.2 – Santiago
733.**Dilbert (3)** – Scott Adams
734.**História de um louco amor** *seguido de* **Passado amor** – Horacio Quiroga
735(11).**Sexo: muito prazer** – Laura Meyer da Silva
736(12).**Para entender o adolescente** – Dr. Ronald Pagnoncelli
737(13).**Desembarcando a tristeza** – Dr. Fernando Lucchese
738.**Poirot e o mistério da arca espanhola & outras histórias** – Agatha Christie
739.**A última legião** – Valerio Massimo Manfredi
740.**As virgens suicidas** – Jeffrey Eugenides
741.**Sol nascente** – Michael Crichton
742.**Duzentos ladrões** – Dalton Trevisan
743.**Os devaneios do caminhante solitário** – Rousseau
744.**Garfield, o rei da preguiça (10)** – Jim Davis
745.**Os magnatas** – Charles R. Morris
746.**Pulp** – Charles Bukowski
747.**Enquanto agonizo** – William Faulkner
748.**Aline: viciada em sexo (3)** – Adão Iturrusgarai
749.**A dama do cachorrinho** – Anton Tchékhov
750.**Tito Andrônico** – Shakespeare
751.**Antologia poética** – Anna Akhmátova
752.**O melhor de Hagar 6** – Dik e Chris Browne
753(12).**Michelangelo** – Nadine Sautel
754.**Dilbert (4)** – Scott Adams
755.**O jardim das cerejeiras** *seguido de* **Tio Vânia** – Tchékhov
756.**Geração Beat** – Claudio Willer
757.**Santos Dumont** – Alcy Cheuiche
758.**Budismo** – Claude B. Levenson
759.**Cleópatra** – Christian-Georges Schwentzel
760.**Revolução Francesa** – Frédéric Bluche, Stéphane Rials e Jean Tulard

761.**A crise de 1929** – Bernard Gazier
762.**Sigmund Freud** – Edson Sousa e Paulo Endo
763.**Império Romano** – Patrick Le Roux
764.**Cruzadas** – Cécile Morrisson
765.**O mistério do Trem Azul** – Agatha Christie
766.**Os escrúpulos de Maigret** – Simenon
767.**Maigret se diverte** – Simenon
768.**Senso comum** – Thomas Paine
769.**O parque dos dinossauros** – Michael Crichton
770.**Trilogia da paixão** – Goethe
771.**A simples arte de matar** (vol.1) – R. Chandler
772.**A simples arte de matar** (vol.2) – R. Chandler
773.**Snoopy: No mundo da lua! (8)** – Charles Schulz
774.**Os Quatro Grandes** – Agatha Christie
775.**Um brinde de cianureto** – Agatha Christie
776.**Súplicas atendidas** – Truman Capote
777.**Ainda restam aveleiras** – Simenon
778.**Maigret e o ladrão preguiçoso** – Simenon
779.**A viúva imortal** – Millôr Fernandes
780.**Cabala** – Roland Goetschel
781.**Capitalismo** – Claude Jessua
782.**Mitologia grega** – Pierre Grimal
783.**Economia: 100 palavras-chave** – Jean-Paul Betbèze
784.**Marxismo** – Henri Lefebvre
785.**Punição para a inocência** – Agatha Christie
786.**A extravagância do morto** – Agatha Christie
787(13).**Cézanne** – Bernard Fauconnier
788.**A identidade Bourne** – Robert Ludlum
789.**Da tranquilidade da alma** – Sêneca
790.**Um artista da fome** *seguido de* **Na colônia penal e outras histórias** – Kafka
791.**Histórias de fantasmas** – Charles Dickens
792.**A louca de Maigret** – Simenon
793.**O amigo de infância de Maigret** – Simenon
794.**O revólver de Maigret** – Simenon
795.**A fuga do sr. Monde** – Simenon
796.**O Uraguai** – Basílio da Gama
797.**A mão misteriosa** – Agatha Christie
798.**Testemunha ocular do crime** – Agatha Christie
799.**Crepúsculo dos ídolos** – Friedrich Nietzsche
800.**Maigret e o negociante de vinhos** – Simemon
801.**Maigret e o mendigo** – Simenon
802.**O grande golpe** – Dashiell Hammett
803.**Humor barra pesada** – Nani
804.**Vinho** – Jean-François Gautier
805.**Egito Antigo** – Sophie Desplancques
806(14).**Baudelaire** – Jean-Baptiste Baronian
807.**Caminho da sabedoria, caminho da paz** – Dalai Lama e Felizitas von Schönborn
808.**Senhor e servo e outras histórias** – Tolstói
809.**Os cadernos de Malte Laurids Brigge** – Rilke
810.**Dilbert (5)** – Scott Adams
811.**Big Sur** – Jack Kerouac
812.**Seguindo a correnteza** – Agatha Christie
813.**O álibi** – Sandra Brown
814.**Montanha-russa** – Martha Medeiros
815.**Coisas da vida** – Martha Medeiros
816.**A cantada infalível** *seguido de* **A mulher do centroavante** – David Coimbra
817.**Maigret e os crimes do cais** – Simenon
818.**Sinal vermelho** – Simenon
819.**Snoopy: Pausa para a soneca (9)** – Charles Schulz
820.**De pernas pro ar** – Eduardo Galeano
821.**Tragédias gregas** – Pascal Thiercy
822.**Existencialismo** – Jacques Colette
823.**Nietzsche** – Jean Granier
824.**Amar ou depender?** – Walter Riso
825.**Darmapada: A doutrina budista em versos**
826.**J'Accuse...! – a verdade em marcha** – Zola
827.**Os crimes ABC** – Agatha Christie
828.**Um gato entre os pombos** – Agatha Christie
829.**Maigret e o sumiço do sr. Charles** – Simenon
830.**Maigret e a morte do jogador** – Simenon
831.**Dicionário de teatro** – Luiz Paulo Vasconcellos
832.**Cartas extraviadas** – Martha Medeiros
833.**A longa viagem de prazer** – J. J. Morosoli
834.**Receitas fáceis** – J. A. Pinheiro Machado
835.(14).**Mais fatos & mitos** – Dr. Fernando Lucchese
836.(15).**Boa viagem!** – Dr. Fernando Lucchese
837.**Aline: Finalmente nua!!!** (4) – Adão Iturrusgarai
838.**Mônica tem uma novidade!** – Mauricio de Sousa
839.**Cebolinha em apuros!** – Mauricio de Sousa
840.**Sócios no crime** – Agatha Christie
841.**Bocas do tempo** – Eduardo Galeano
842.**Orgulho e preconceito** – Jane Austen
843.**Impressionismo** – Dominique Lobstein
844.**Escrita chinesa** – Viviane Alleton
845.**Paris: uma história** – Yvan Combeau
846(15).**Van Gogh** – David Haziot
847.**Maigret e o corpo sem cabeça** – Simenon
848.**Portal do destino** – Agatha Christie
849.**O futuro de uma ilusão** – Freud
850.**O mal-estar na cultura** – Freud
851.**Maigret e o matador** – Simenon
852.**Maigret e o fantasma** – Simenon
853.**Um crime adormecido** – Agatha Christie
854.**Satori em Paris** – Jack Kerouac
855.**Medo e delírio em Las Vegas** – Hunter Thompson
856.**Um negócio fracassado e outros contos de humor** – Tchékhov
857.**Mônica está de férias!** – Mauricio de Sousa
858.**De quem é esse coelho?** – Mauricio de Sousa
859.**O burgomestre de Furnes** – Simenon
860.**O mistério Sittaford** – Agatha Christie
861.**Manhã transfigurada** – Luiz Antonio de Assis Brasil
862.**Alexandre, o Grande** – Pierre Briant
863.**Jesus** – Charles Perrot
864.**Islã** – Paul Balta
865.**Guerra da Secessão** – Farid Ameur
866.**Um rio que vem da Grécia** – Cláudio Moreno
867.**Maigret e os colegas americanos** – Simenon
868.**Assassinato na casa do pastor** – Agatha Christie
869.**Manual do líder** – Napoleão Bonaparte
870(16).**Billie Holiday** – Sylvia Fol
871.**Bidu arrasando!** – Mauricio de Sousa
872.**Desventuras em família** – Mauricio de Sousa
873.**Liberty Bar** – Simenon

874.**E no final a morte** – Agatha Christie
875.**Guia prático do Português correto – vol. 4** – Cláudio Moreno
876.**Dilbert (6)** – Scott Adams
877(17).**Leonardo da Vinci** – Sophie Chauveau
878.**Bella Toscana** – Frances Mayes
879.**A arte da ficção** – David Lodge
880.**Striptiras (4)** – Laerte
881.**Skrotinhos** – Angeli
882.**Depois do funeral** – Agatha Christie
883.**Radicci 7** – Iotti
884.**Walden** – H. D. Thoreau
885.**Lincoln** – Allen C. Guelzo
886.**Primeira Guerra Mundial** – Michael Howard
887.**A linha de sombra** – Joseph Conrad
888.**O amor é um cão dos diabos** – Bukowski
889.**Maigret sai em viagem** – Simenon
890.**Despertar: uma vida de Buda** – Jack Kerouac
891(18).**Albert Einstein** – Laurent Seksik
892.**Hell's Angels** – Hunter Thompson
893.**Ausência na primavera** – Agatha Christie
894.**Dilbert (7)** – Scott Adams
895.**Ao sul de lugar nenhum** – Bukowski
896.**Maquiavel** – Quentin Skinner
897.**Sócrates** – C.C.W. Taylor
898.**A casa do canal** – Simenon
899.**O Natal de Poirot** – Agatha Christie
900.**As veias abertas da América Latina** – Eduardo Galeano
901.**Snoopy: Sempre alerta! (10)** – Charles Schulz
902.**Chico Bento: Plantando confusão** – Mauricio de Sousa
903.**Penadinho: Quem é morto sempre aparece** – Mauricio de Sousa
904.**A vida sexual da mulher feia** – Claudia Tajes
905.**100 segredos de liquidificador** – José Antonio Pinheiro Machado
906.**Sexo muito prazer 2** – Laura Meyer da Silva
907.**Os nascimentos** – Eduardo Galeano
908.**As caras e as máscaras** – Eduardo Galeano
909.**O século do vento** – Eduardo Galeano
910.**Poirot perde uma cliente** – Agatha Christie
911.**Cérebro** – Michael O'Shea
912.**O escaravelho de ouro e outras histórias** – Edgar Allan Poe
913.**Piadas para sempre (4)** – Visconde da Casa Verde
914.**100 receitas de massas light** – Helena Tonetto
915(19).**Oscar Wilde** – Daniel Salvatore Schiffer
916.**Uma breve história do mundo** – H. G. Wells
917.**A Casa do Penhasco** – Agatha Christie
918.**Maigret e o finado sr. Gallet** – Simenon
919.**John M. Keynes** – Bernard Gazier
920(20).**Virginia Woolf** – Alexandra Lemasson
921.**Peter e Wendy** *seguido de* **Peter Pan em Kensington Gardens** – J. M. Barrie
922.**Aline: numas de colegial (5)** – Adão Iturrusgarai
923.**Uma dose mortal** – Agatha Christie
924.**Os trabalhos de Hércules** – Agatha Christie
925.**Maigret na escola** – Simenon
926.**Kant** – Roger Scruton
927.**A inocência do Padre Brown** – G.K. Chesterton
928.**Casa Velha** – Machado de Assis
929.**Marcas de nascença** – Nancy Huston
930.**Aulete de bolso**
931.**Hora Zero** – Agatha Christie
932.**Morte na Mesopotâmia** – Agatha Christie
933.**Um crime na Holanda** – Simenon
934.**Nem te conto, João** – Dalton Trevisan
935.**As aventuras de Huckleberry Finn** – Mark Twain
936(21).**Marilyn Monroe** – Anne Plantagenet
937.**China moderna** – Rana Mitter
938.**Dinossauros** – David Norman
939.**Louca por homem** – Claudia Tajes
940.**Amores de alto risco** – Walter Riso
941.**Jogo de damas** – David Coimbra
942.**Filha é filha** – Agatha Christie
943.**M ou N?** – Agatha Christie
944.**Maigret se defende** – Simenon
945.**Bidu: diversão em dobro!** – Mauricio de Sousa
946.**Fogo** – Anaïs Nin
947.**Rum: diário de um jornalista bêbado** – Hunter Thompson
948.**Persuasão** – Jane Austen
949.**Lágrimas na chuva** – Sergio Faraco
950.**Mulheres** – Bukowski
951.**Um pressentimento funesto** – Agatha Christie
952.**Cartas na mesa** – Agatha Christie
953.**Maigret em Vichy** – Simenon
954.**O lobo do mar** – Jack London
955.**Os gatos** – Patricia Highsmith
956.**Jesus** – Christiane Rancé
957.**História da medicina** – William Bynum
958.**O morro dos ventos uivantes** – Emily Brontë
959.**A filosofia na era trágica dos gregos** – Nietzsche
960.**Os treze problemas** – Agatha Christie

IMPRESSÃO:

GRÁFICA EDITORA
Pallotti
IMAGEM DE QUALIDADE

Santa Maria - RS - Fone/Fax: (55) 3220.4500
www.pallotti.com.br